Francisco de Rojas Zorrilla

Sin honra
no hay amistad

Barcelona **2024**
Linkgua-ediciones.com

Créditos

Título original: Sin honra no hay amistad.

© 2024, Red ediciones S.L.

e-mail: info@linkgua.com

Diseño de cubierta: Michel Mallard.

ISBN rústica: 978-84-9816-238-7.
ISBN ebook: 978-84-9897-783-7.

Sumario

Brevísima presentación

La vida

Francisco de Rojas Zorrilla (Toledo, 1607-Madrid, 1648). España.

Hijo de un militar toledano de origen judío, nació el 4 de octubre de 1607. Estudió en Salamanca y luego se trasladó a Madrid, donde vivió el resto de su vida. Fue uno de los poetas más encumbrados de la corte de Felipe IV. Y en 1645 obtuvo, por intervención del rey, el hábito de Santiago.

Empezó a escribir en 1632, junto a Pérez Montalbán y Calderón de la Barca, la tragedia El monstruo de la fortuna. Más tarde colaboró también con Vélez de Guevara, Mira de Amescua y otros autores.

Felipe IV protegió a Rojas y pronto las comedias de éste fueron a palacio; su sátira contra sus colegas fue tan dura al parecer que alguno de los ofendidos o algún matón a sueldo le dio varias cuchilladas que casi lo matan. En 1640, y para el estreno de un nuevo teatro construido con todo lujo, compuso por encargo la comedia *Los bandos de Verona*. El monarca, satisfecho con el dramaturgo, se empeñó en concederle el hábito de Santiago: las primeras informaciones no probaron ni su hidalguía ni su limpieza de sangre, antes bien, la empañaron; pero una segunda investigación que tuvo por escribano a Quevedo, mereció el placer y fue confirmado en el hábito (1643). En 1644, desolado el monarca por la muerte de su esposa Isabel de Borbón y poco más tarde por la de su hijo, ordenó clausurar los teatros, que no se abrirían ya en vida de Rojas Zorrilla, muerto en Madrid el 23 de enero de 1648.

Personajes

Don Melchor, soldado
Don Antonio, estudiante
Sabañón, gracioso, estudiante
Don Bernardo
Doña Juana, primera dama
Doña Inés, segunda dama
Águeda, criada
Músicos

Jornada primera

(Sale don Antonio, de estudiante.)

Don Antonio   Fuente clara, imagen fría
de mi triste elevación,
cristalina imitación
de toda la pena mía,
templa, vence la osadía
con que te vas a perder,
no se quiera parecer
tu raudal a mi sentir,
pues ya empiezas a morir
y no acabas de nacer.
Ese tu curso violento
no es conforme a mi rigor,
pues naciendo mi dolor,
nunca muere mi tormento
fuente, este mal que yo siento
tanto se apresta inmortal
en mi deshonor, y tal
me ayudaba a vivir esquivo,
que todo el tiempo que vivo
es porque vive mi mal.
Cuando hay ponzoña admitida
en un infeliz amor,
la violencia del dolor
es triaca de la vida,
y a tu corriente perdida
la vuelves a reducir,
tú y mi mal he de argüir
que no os podéis parecer,
pues mueres para nacer
y él nace para vivir.

(Sale don Melchor, de soldado.)

Don Melchor   Sol hermoso, luz mejor
desos orbes celestiales,
comparación de mis males,
enigma de mi dolor,
corrige el paso mayor
del curso tuyo violento,
mira que este mal que siento,
por hacerte adulación
aprendió la duración
de tu propio movimiento.
Mas iay, Sol, que tú no eres
quien imitarle apercibes,
siempre te he visto que vives,
mas siempre he visto que mueres.
¿Luego tú a mi mal prefieres
con ser tu luz inmortal?
¿Luego no es tu luz igual
al mal que mis ansias crece?
Pues mientras tu luz fallece
se está encendiendo mi mal.
Sol, no puede parecer
tu curso a las ansias mías,
pues lo que anoche morías
descuentas hoy con nacer.

Don Antonio   Fuente, tú no puedes ser
semejante a mi accidente,
fénix de cristal luciente
falleces a tu albedrío,
pues si mueres de ser río,
siempre vives de ser fuente.

Don Melchor	¡Mi dolor tan inmortal que al Sol igualar se intente!
Don Antonio	¡Que en el curso de una fuente halle eternidad mi mal!
Don Melchor	¡Oh, Sol, muera al natural curso de tu ciclo airado! Sol, responde a mi cuidado...
Don Antonio	Fuente, di a mi mal incierto...
Don Melchor	¿Cómo vives, si ya has muerto?
Don Antonio	¿Cómo corres, si has parado?

(Sale Sabañón, de estudiante gorrón.)

Sabañón	¿Qué es aquesto, don Melchor? Don Antonio, ¿qué es aquesto? ¿Tú levantado tan presto, y tú tan Presto, Señor? ¿A qué intento no diréis, a qué ocasión, a qué fin habéis salido al jardín? ¿Calláis? ¿no me respondéis? Ah, don Melchor, ¿qué te ha dado? Esta suspensión no entiendo. ¿Acaso andáis discurriendo a quién pidiereis prestado? ¿No dirás lo que te pasa, don Antonio? habla primero, ¿vino a pedirte el casero

11

el alquiler de la casa?
Ver a uno y otro mortal
me confunde, sí, por Dios,
siendo tan finos los dos,
¿Cómo calláis vuestro mal?
Señor, de hablar claro trata,
tu suspensión ¿a qué espera?
¿Que no hay blanca en faltriquera
para poner la piñata?
Criado soy de pundonor,
yo sabré disimular,
mil hambres puedo pasar,
que ya he servido a un señor;
que digáis de dónde nace
vuestra tristeza os protesto;
amigos monas, ¿qué es esto?
¿Uno hace lo que otro hace?
¡Ah de tu voz, ah Señor!
En responderme imagina.
¿Te hizo alguna alicantina
dama, tahura de amor?
mal pasiones tan halladas
vuestro silencio remedia.
¿Hacéis alguna comedia
entre los dos por jornadas?
Hasta oír vuestra pasión
os tengo de preguntar.

Don Melchor	Sabañón, ¿quieres callar?
Don Antonio	¿No callarás, Sabañón?
Sabañón	Con menos resoluciones es justo que me tratéis;

mil remedios hallaréis
para atajar sabañones;
por comer no es menester
usar desa indignación,
no os comerá el Sabañón,
pues no tiene qué comer.

Don Melchor   Si mi mal templar atiendes.

Don Antonio   Pues alivio me aseguras...

Don Melchor   Di lo que saber procuras.

Don Antonio   Di lo que saber pretendes.

Sabañón   Digo, pues hacemos tregua,
Que en vuestra comparación
Pilades y Orestes son,
amiguillos de la lengua;
y a vosotros comparados,
aunque tan finos vivieron,
Pólux y Cástor no fueron
hermanos, sino cuñados.

Don Melchor   Nuestra amistad es igual.

Don Antonio   Un alma asiste en los dos.

Sabañón   Pues hablad, cuerpo de Dios,
comunicad vuestro mal;
aunque llegue a ser agravio
pronunciadle sin temor,
porque se gasta el dolor
entre la lengua y el labio.

Don Antonio	Dices bien.

Don Melchor	No dice, y piensa

que ese no es discurso sabio,
pues referir el agravio
es nueva especie de ofensa;
callado el mal reprimido
se templa el fuego veloz,
mas si le sabe la voz
se le parlará al oído;
pues para tantos despojos
haya en la vena templanza,
que si el oído lo alcanza,
lo pueden saber los ojos;
y ansí el que quiere advertido
dar a su mal recompensa,
no ha de poner una ofensa
a los riesgos de un sentido.

Don Antonio	Pues ¿qué importa que en la calma

de mis crueles enojos
quieran pronunciar los ojos
los sentimientos del alma?
¿Qué importa que dolor tanto
se hable en lágrimas también
si no hay quien entienda bien
la retórica del llanto?
Y haz evidente reparo
que aunque expliquen sus enojos,
como son niños los ojos
aún no saben hablar claro.
¿Y qué importa que veloz
la voz usurpe un sentido,

si viene a ser el oído
secretario de la voz?
¿Luego no puedes culpar
lo que tu labio articula,
supuesto que él disimula
y ellos no saben hablar?

Don Melchor   Sea la razón igual
para los dos.

Don Antonio   Dices bien.

Don Melchor   ¿No lloras un mal también?

Don Antonio   También yo siento otro mal.

Don Melchor   ¿Pues cómo tu error ordena,
viéndome poner mortal,
que yo te diga mi mal
si tú me callas tu pena?

Don Antonio   Es porque tanto te quiero,
que por si acaso mi amor
puede aliviar tu dolor,
le quiero escuchar primero.

Don Melchor   Don Antonio, no es ansí.

Don Antonio   ¿Cómo, si viéndolo estás?

Don Melchor   Porque ese quererme más
es quererte más a ti.

Don Antonio   Di, ¿por qué?

Don Melchor	Porque recelo,
	si es tan grande tu cuidado,
	que si no estás consolado
	estés para dar consuelo;
	y ansí conjeturo yo
	que en esta desconfianza
	bien puedes darme templanza,
	pero darme alivio, no.
	Si yo te digo el desvelo
	que saber has intentado,
	ya estando mi mal templado
	dar podré a tu mal consuelo;
	pero de ti no lo alcanza
	la pena a que me provoco,
	pues yo sé que no harás poco
	en poder darme templanza;
	luego conociendo estás
	que a tus finezas excedo,
	pues darte consuelos puedo,
	y tú templanza no más;
	luego me estará mejor,
	aunque tu amistad lo ordena,
	que en sabiendo yo tu pena
	te declare mi dolor.
Don Antonio	Confieso que me concluyo,
	sea, pues, el consuelo igual,
	como te cuente mi mal
	me ve refiriendo el tuyo.
Don Melchor	Pues escucha mi pasión.
Don Antonio	Tú oye mi cuidado.

Don Melchor	Espera; Sabañón, vete allá fuera.
Sabañón	Ya obedece Sabañón.
Don Antonio	Decirte mi mal intento.
Don Melchor	Oye a un tiempo mi dolor
Don Antonio	¿Tú no te vas?
Sabañón	Sí, Señor

(Vase.)

Don Melchor	Oye atento.
Don Antonio	Escucha atento.
Don Melchor	Ya te acuerdas, don Antonio, de aquel venturoso tiempo en que nuestros verdes años dos claveles parecieron, que vano esparce cogollo a persuasiones del riego, o porfías del botón si no del alba al requiebro que en el vientre de una mata los concibió verde y tierno. Temprano embrión tan unos, que no granjearon de exceso ni el uno una noche más ni el otro una aurora menos.

Don Antonio	Bien me acuerdo desa edad,
	y desotra edad me acuerdo
	en que los dos ejercimos
	los primeros rudimentos,
	y cuando, como en nosotros
	bozal estaba el ingenio,
	la letura nos dio avisos,
	la pluma infundió conceptos,
	la edad despertó ignorancias,
	el uso conocimientos,
	y en esotra edad en que
	correspondiente, discreto,
	en el papel del semblante
	los años escribe el tiempo,
	nos apartamos los dos
	siendo dos almas y un cuerpo,
	tú a Flandes, yo a Salamanca;
	tú a disciplinar tu aliento
	en la clase de las armas,
	y yo al militar manejo
	de las letras; y no admires
	estos nombres contrapuestos,
	que como en las letras y armas
	la unión tan precisa veo,
	bien puedo decir que estudia
	el que es soldado, y bien puedo
	Decir también que pelea
	el que estudia con exceso;
	que para un constante estudio
	es preciso un buen esfuerzo,
	y para una lid también
	necesario un buen ingenio.

Don Melchor	Habrá un mes, que yendo un día
	por las Gradas de aquel templo,
	que de los soldados es
	el militante colegio,
	de Felipe es el que digo,
	que fue muy prudente acuerdo,
	que se vengan a Felipe
	los soldados, que es su centro...

Don Antonio	Digo, pues, que en esas Gradas,
	con cuidado, muy atento,
	buscándote mi porfía,
	te vino a hallar mi deseo;
	y como había diez años
	que no nos vimos, y en ellos
	sustituyó la esperanza
	la ausencia de largo tiempo...

Don Melchor	Tanto otra vez estrechamos
	los brazos, que el tierno pecho
	hechas lágrimas tenía
	de atrasados sentimientos;
	y al verse apurado el vaso
	del corazón, de muy lleno
	rebosó en llanto a los ojos,
	los que alegres, como tiernos,
	equivocaron las penas
	con las glorias del consuelo,
	pues con la risa lloraron
	y con el llanto rieron.

| Don Antonio | Y hoy los dos en este cuarto |
| | vivimos. |

Don Melchor	Los dos tenemos para los dos un criado.
Don Antonio	Y, en fin, lo que disponemos, lo que tú mandas, es ley.
Don Melchor	Lo que tú ordenas, precepto.
Don Antonio	Pues vamos a mi pasión.
Don Melchor	Vamos al mal que padezco, pues con la pena del uno la del otro interpolemos.
Don Antonio	Para que con tu dolor se divierta mi tormento.
Don Melchor	Amigo, ya conociste a don Diego de Salcedo mi padre.
Don Antonio	Sí, don Melchor.
Don Melchor	Pues sabe, amigo, que es muerto.
Don Antonio	¿Cómo muerto?
Don Melchor	En la campaña Le dio muerte un caballero.
Don Antonio	¿Fue en desafío?
Don Melchor	Si fue.

Don Antonio	¿Fue a traición?
Don Melchor	No: cuerpo a cuerpo
Don Antonio	¿Sabes quién es?
Don Melchor	No lo sé.
Don Antonio	¿Qué intentas?
Don Melchor	Vengarle intento.
Don Antonio	¿Y a eso veniste de Flandes?
Don Melchor	A eso de Bruselas vengo.
Don Antonio	¿Cómo, sabiendo la muerte, no sabes el que le ha muerto?
Don Melchor	Porque declaró mi padre que sin ventaja ni exceso le dio muerte en la campaña el agresor, no queriendo declarar, lo que a los nobles no les obligan a hacerlo ni el precepto de las leyes ni las porfías del ruego.
Don Antonio	¿Ves ese mal que tú lloras?
Don Melchor	Es grave el mal que yo tengo.
Don Antonio	Pues de otro mayor suspiro, de mayor pena adolezco.

¿Ya conociste a mi hermana
doña Inés?

Don Melchor   Sí, va me acuerdo
de su hermosura.

Don Antonio   Pues sabe,
(al decir mi agravio temo,
que no ha de caber mi voz
en todo mi sentimiento);
sabe, que estando mi madre
viuda, y sola, no admitiendo
más amparo que su honra,
más riqueza que su ejemplo,
más dote para mi hermana
que su virtud, quiso el cielo
que sacrílego ladrón
de mi fama, robe el templo
de aquel honor, profanado
su humana deidad, y haciendo
que aquella verde hermosura
siempre conservada al riesgo
de los ojos, que ellos son
imanes de los deseos,
deshojar pueda en claveles
las azucenas que fueron
símbolo casto de amor,
y hermosa envidia de Venus;
con máscara, pues, seis hombres,
de la noche en el silencio,
que la traición y la sombra
son del miedo compañeros
robaron a doña Inés
(¡ay de mi honor!); y, en efecto,

murió de pena mi madre,
que penetran todo el pecho
las heridas de la pena,
si es la deshonra el acero;
y sabiendo en Salamanca
mis desdichas, traté luego
de procurar mi venganza,
y cuidadoso, aunque cielo,
en los patios de palacio,
en las calles del comercio,
en los vecinos, que son
linces de todos los yerros,
pregunto, examino, escucho,
noto sagaz, cuerdo atiendo
a ver si puedo saber
de mis agravios el dueño;
no le hallo, quéjome al aire,
vuélveme la voz el eco,
porque aun los montes no son
capaces de mi tormento.
Este es el mal que me trae
tan indeciso y suspenso,
ésta es la injuria que lloro,
ésta la ofensa en que peno;
mira, pues eres soldado,
eres noble y eres cuerdo,
si puede ser más mi agravio
ni ser mi tormento menos.

Don Melchor   ¿Dijiste tu mal?

Don Antonio   Sí, amigo.

Don Melchor   Pues más sustancia, más nervio

tiene el cuerpo de mi mal.

Don Antonio   Habla.

Don Melchor   Has de saber que tengo
amor.

Don Antonio   ¿Es ese tu mal?

Don Melchor   ¿Qué, no es grande?

Don Antonio   No lo niego,
pero sabe, don Melchor...

Don Melchor   ¿Qué he de saber?

Don Antonio   Que hasta en eso
se parecen nuestros males,
porque yo también flaqueo
de ese accidente.

Don Melchor   ¿Qué dices?

Don Antonio   Que tengo amor te confieso.

Don Melchor   Yo vi una dama tan bella,
que en sus rayos me hallé ciego,
pues bandoleros sus ojos
robaron mis pensamientos.

Don Antonio   Yo vi una deidad humana,
yo adoré al Sol, y primero
quedé a su deidad rendido,
después a su entendimiento.

Don Melchor	Yo quisiera solo ser
	idólatra de su cielo,
	pero cuando a mi memoria
	aquella venganza acuerdo,
	con el mar de aquella injuria
	el fuego deste amor templo
	de Suerte que quiero amar
	y vengarme a un tiempo quiero,
	neutral intento acudir
	a mi venganza y no puedo;
	quiero atender al amor
	y esotro afecto divierto,
	de suerte que están en mí
	sin uso entrambos afectos,
	pues ni prefiero a mi amor
	ni a mi venganza prefiero.
Don Antonio	De un accidente morimos,
	y parece que se han hecho
	nuestras desdichas del ojo,
	que se han ceceado los riesgos;
	dos imanes son en mí
	a un tiempo mis sentimientos,
	la venganza de mi agravio
	y la llama de mi incendio;
	bajo metal soy que asiste
	a un tiempo a sus dos efectos,
	al yerro de mi venganza
	atrae mi ofensa primero,
	y mi amor, imán más noble,
	atrae de mi pena el yerro;
	si dejarme obligar cuido
	de mi venganza no puedo;

si del amor, no es posible,
aunque todas veces pruebo
que como son dos imanes
atraen a un mismo tiempo;
de suerte, que es necesario,
para que obre el uno dellos
que falte el opuesto imán,
no falta ninguno; luego
entre mi amor y venganza
quedará el metal suspenso,
ni para mi llama fino,
ni para mi sangre atento.

Don Melchor   Y pues no están en los dos
reservados los secretos
del honor, los del amor
no tengan más privilegio;
es la dama a quien adoro...

Don Antonio   Tente, que decirte quiero
a un tiempo a la que yo sirvo,
es el hermoso sujeto
a quien rendí mi albedrío...

Don Melchor   Es mi luz, mi hermoso dueño...

Don Antonio   Doña...

(Salen por una puerta Sabañón, y por la otra Águeda, con manto; llégase
Sabañón a don Antonio, y Águeda a don Melchor.)

Águeda   ¿Señor don Melchor?

Sabañón   ¿Don Antonio?

Don Antonio	¿Qué hay de nuevo?
Don Melchor	¿Qué hay, Águeda?
Águeda	Que llegó a buena ocasión tu ruego.
Sabañón	¡Ay, que he visto a doña Inés, tu hermana, y ay que podemos fratricidarla también; que entré en su casa yo mesmo, que la tenté con mis ojos, y que la vi con los dedos!
Don Antonio	¿A mi hermana has visto?
Sabañón	Sí.
Águeda	Llegó tu papel a tiempo rompió la nema mi ama, y viéndole tan discreto, tan amoroso y tan fino, hizo cuatro mil extremos.
Don Melchor	¿Qué dices?
Águeda	Lo que te digo.
Don Antonio	Sabañón, ¿estás bien cierto que es ella?
Sabañón	Digo que es ella.

Águeda	Díjome que vayas luego
	a verla; dijo también
	que eras galán y eras cuerdo;
	preguntome tus donaires,
	y como el amor es juego,
	porque no jugarais solos,
	tomé el naipe y hice el tercio;
	díjele que eras el hombre
(Aparte.)	más generoso (con esto
	le he de obligar), y que siempre
	me dabas de ciento en ciento
	los escudos, aunque nunca
	te he conocido uno destos.
Sabañón	¿Y no has de ver a tu dama?
	responde, Señor.
Don Antonio	No apruebo
	que me acuerdes de mi amor
	cuando de mi honor me acuerdo;
	vamos, Sabañón.
Sabañón	¿Adónde?
Don Antonio	Voy a que escriba mi acero
	(que es la pluma de mi honor),
	renglones de ira en su pecho.
Sabañón	Pues vamos, ¿á qué aguardamos?
Don Melchor	Águeda, yo te prometo
	darte un vestido.
Águeda	Señor,

no viene ajustado el premio,
pues mandas de prometido
y yo de contado tercio.

Don Melchor   Sígueme, Águeda.

Águeda   Ya voy.

Don Antonio   Ven, Sabañón.

Sabañón   Está abierto
el Sabañón, y no puede
pisar agora tan recio.

Don Melchor   ¿Don Antonio?

Don Antonio   ¿Qué hay, amigo?
¿Dónde vas?

Don Melchor   A ver sereno
el cielo de mi hermosura,
a ver los rayos me atrevo
que han hecho lince a mi amor,
si antes le obstinaron ciego.
¿Y vos, dónde vais?

Don Antonio   Yo voy
a un examen, en que pienso
averiguar de mi sangre
y de mi opinión el duelo.

Don Melchor   ¿Ya no sois amante?

Don Antonio   Sí,

	mas soy honrado primero.
	¿Vos no vengáis vuestra sangre?
Don Melchor	¿No veis que no encuentro el dueño
	de mi ofensa?
Don Antonio	¿Luego en tanto
	tenéis amor?
Don Melchor	Amor tengo.
Don Antonio	Pues yo voy a mi venganza.
Don Melchor	Yo solo a mi amor atiendo.
Don Antonio	Seré amante en siendo honrado.
Don Melchor	Siendo yo amante, bien puedo
	acudir a mi venganza.
Don Antonio	Pues adiós.
Don Melchor	¿Para ese empeño
	me habéis menester?
Don Antonio	No, amigo.
Don Melchor	Adiós, veámonos luego.
Don Antonio	Luego os diré mi fortuna.
Don Melchor	Sabréis mis fortunas presto.
Don Antonio	¿No me sigues?

Sabañón	Ve delante.
Don Melchor	¿No vienes?
Águeda	Ya te obedezco.
Don Antonio	Soy tu más seguro amigo.

(Vase.)

Don Melchor	Yo tu amigo verdadero.

(Vase.)

Sabañón (Aparte.)	(No me habla.)
Águeda (Aparte.)	(Él me quiere hablar.)
Sabañón	Audis domina.
Águeda	Ya entiendo.
Sabañón	Ego sum pauper.
Águeda	¡Qué malo!
Sabañón	Scholasticus.
Águeda	¡Qué bueno!
Sabañón	Et dabo tibi pecunias.
Águeda	Pues sequere me.

Sabañón	Iam sequor. ¿Latín sabéis?
Águeda	Etiam domine.
Sabañón	Presta mihi manum.
Águeda	Nego; da mihi pecunias ante.
Sabañón	Ni después dártelas quiero, Fuge, gorroncilla ruin.
Águeda	Gorrón, sucio, vade retro.

(Vanse.)

(Salen doña Inés y don Bernardo.)

Doña Inés	No te has de ir.
Don Bernardo	Déjame, Inés.
Doña Inés	Si mi ruego no es bastante...
Don Bernardo	Sóbrate estar tan amante, sin que tan porfiada estés.
Doña Inés	Oye.
Don Bernardo	Déjame.
Doña Inés	¿Esto escucho?

¿De mi amor te desesperas?

Don Bernardo   Más quiero que no me quieras
que no que me quieras mucho.

Doña Inés   Por curar mi honor intento
detenerte; oye, Señor.

Don Bernardo   Peor es un grande amor
que un grande aborrecimiento;
acaba, di, ¿qué me quieres,
que ya a escucharte me obligo?

Doña Inés   Es que no has de hacer conmigo
lo que con otras mujeres;
a ninguna mujer creo
que has tenido fino amor,
lo que en ti parece ardor
es solamente deseo,
y ansí...

Don Bernardo   Las iras detén,
pues no es odio desigual,
si a todas las quiero mal
que a ti no te quiera bien.

Doña Inés   Pues que me aborrezcas lloro
cuando fino te merezco.

Don Bernardo   Doña Inés, no te aborrezco,
pero tampoco te adoro.

Doña Inés   Injusto premio me das
con desdenes tan ajenos.

Don Bernardo	Si tú me quisieras menos, yo te quisiera algo más.
Doña Inés	Que no socorras me espanto el fuego en que llego a arder.
Don Bernardo	Las damas han de querer, pero no han de querer tanto.
Doña Inés	A reconvenirte pruebo, ya que a ofenderme te atreves. ¿Es poco lo que me debes?
Don Bernardo	No es mucho lo que te debo.
Doña Inés	Pues empiece mi pasión a trasladarse a mi labio, pues con referir mi agravio te acuerdo tu obligación.
Don Bernardo	Yo te contaré la historia, que aunque agora sea verdad que no tengo voluntad, tengo muy linda memoria. yo vi tu hermosa deidad, mas mi amor no me asegura si me picó tu hermosura, u obligó tu honestidad; vite constante también, y como es oro en rigor, se purificó mi amor al crisol de tu desdén; hice por lograrte extremos,

por si no te aseguras,
te dije aquellas ternuras
que usamos los que emprendemos;
mil papeles te escribí,
mil dádivas desechaste,
mil afectos me escuchaste,
mil paseos repetí;
y como mi amor me abrasa,
creyéndote tan constante
como eres agora amante,
a robarte fui a tu casa;
y atrevida mi osadía
y indignada mi paciencia,
te trasladé con violencia
desde tu casa a la mía;
más de un año por tu honor,
del alma noble enemigo,
lidió obstinada contigo
mi tema, que no mi amor;
y como tu sangre labra
templo a tu honor, fue forzoso
pedirme mano de esposo:
dite solo la palabra;
creyola tu fantasía,
volví a fingir y a engañar,
y, en fin, te vine a lograr,
como no te merecía;
pero aunque esquiva primero,
tan trocada, Inés, estás,
que has dado en quererme más
desde que ha que no te quiero.
No te parezca rigor
la tibieza que obra en mí
¿por qué he de quererte a ti,

si a ninguna tengo amor?
Pues corrige tu pasión,
que este despego violento
no va en tu merecimiento,
que estriba en mi condición;
en mi casa estás, mitiga
tu pena, pues has logrado
a mi honor por tu obligado,
y a mi hermana por tu amiga;
pues tu honor de hoy más no llore;
mucho sé yo que mereces;
más finge que me aborreces,
y podrá ser que te adore.

(Vase.)

Doña Inés   Pues, vive el cielo, villano,
                 que he de vengarme, supuesto...

(Sale doña Juana.)

Doña Juana   Amiga mía, ¿qué es esto?

Doña Inés   Mi mal antiguo, tu hermano.

Doña Juana   ¿Qué es lo que sientes? qué tienes?
                 ¿no le obligas con los ruegos?
                 ¿hay agravios?

Doña Inés   Hay despegos.

Doña Juana   ¿No hay finezas?

Doña Inés   Hay desdenes.

Doña Juana	¿Y le quieres?
Doña Inés	No te asombres que me obligue su desdén, yo quiero a los hombres bien, si tú aborreces los hombres; la distinción hallo aquí, pues por diferentes modos tú los engañas a todos, y uno me ha engañado a mí.
Doña Juana	Sabe, amiga, que me enfado de que al oír tu ternura se dejase tu hermosura solicitar de su agrado.
Doña Inés	Mis errores, te prometo que hoy disculpados están, pues me procuró galán y me enamoró discreto.
Doña Juana	Si juzgara tu pasión del hombre que más te admira, que es la gala una mentira, y el requiebro una traición, Tu enmendaras tus errores.
Doña Inés	No he de seguir tu opinión.
Doña Juana	Mira, los más hombres son mentirosos y traidores; yo sé sus engaños, yo, y yo sé en lo que me fundo;

hombre fue en aqueste mundo
el primero que mintió;
mal fuego venga de Dios
en quien quererlos porfía.

Doña Inés	¿Doña Juana?
Doña Juana	¿Amiga mía?
Doña Inés	Solas estamos las dos.
Doña Juana	¿Qué es lo que decir me quieres?
Doña Inés	Ya que de oírlo te asombres, respóndeme, ¿a no haber hombres, qué fuéramos las mujeres?
Doña Juana	De hoy más mujer no te nombres, pues a los hombres prefieres; ignorante, sin mujeres, di, ¿qué valieran los hombres?
Doña Inés	Sí, mas de todos infiero, (perdóneme tu sentir), que cuando quieren fingir, ya hemos fingido primero.
Doña Juana	¡Hay tan bastarda opinión!
Doña Inés	¡Hay tal noble desengaño!
Doña Juana	¿Cuando no fue antes su engaño que fue su imaginación?

Doña Inés	Vencerme cuidas en vano,
	ya que intentas darme enojos.
Doña Juana	El ejemplo está a los ojos
	en el desdén de mi hermano.
Doña Inés	¿Piensas tú que ese es desdén?
Doña Juana	¿Luego es a tu amor igual?
Doña Inés	Finge que me quiere mal,
	y se que me quiere bien.
Doña Juana	Doña Inés, no es eso así.
Doña Inés	Todos nos tienen amor.
Doña Juana	¡Hay tal tema!
Doña Inés	¡Hay tal error!
Doña Juana	¿Quieres ver su engaño?
Doña Inés	Di.
Doña Juana	Y para satisfacción
	de tus erradas pasiones,
	te contaré sus traiciones
	y sabrás mi condición;
	haz cuenta que es una dama
	de lindas partes, y haz cuenta
	que se debe a su hermosura
	tanto como a su modestia;
	con cuidadoso descuido

cerca de la noche trueca
a afanes de la almohadilla
los descansos de la reja;
pasea un galán postizo
la calle, destos que llevan
compradas para estos casos
pantorrillas y guedejas;
mira la dama, y aún no
la mira, cuando se eleva,
haciendo de la costumbre
una novedad atenta;
clava en sus ojos sus ojos
y como los fija en ella,
de los clavos que dispuso
sus admiraciones cuelga;
hace que se abrasa todo,
tal vez hace que se hiela,
arruga toda la frente,
las dos pestañas arquea;
las potencias suyas pasma,
los sentidos embelesa,
y el diablo del corazón
no le mueve, aunque le tienta;
repite otra vez la calle,
tercera vez la pasea
por el qué dirán no mira,
y mira porque le vean;
da un suspiro, y el suspiro
suele obrar con tanta fuerza,
que él te arroja de cansado
y ella le admite de tierna;
para que lleve un papel
procura una medianera,
y éste con mil necedades

escritas de buena letra;
llega la ocasión de hablarla
por un balcón, y aunque necia
diga dos mil disparates,
él la dice: ¡Qué discreta!
si se ríe, hasta en la risa
tiene gracia; y si severa,
porque no sabe hablar poco,
la dice también que es cuerda;
si en pie se levanta ¡qué arte!
¡qué airosa! si se pasea,
¡qué limpia! aunque sea una Bargas,
¡qué cara! aunque sea una cera;
llámala Sol, Luna, y cielo,
y mete toda la arenga
de claveles y de rosas,
de diamantes y de perlas;
«¡ay, alma mía (la dice),
qué de cuidados me cuestas!
Al sueño no le conozco,
mi voluntad no sé della
no sé qué gracia te tienes
en los ojos, que aunque quiera
hacerme fuerza olvidarlos
es imposible que pueda;
¡ay objeto de mi vida!
¡ay suspensión de mi idea,
elevación de mi alma!
¡ay norte de mis potencias!»
La pobre dama, que escucha
estas finezas revueltas
con dos lágrimas que salen
de rabia y no de terneza
lastimase del amante,

déjale entrar, aunque piensa
ya que no su voluntad
dejar su opinión entera;
resiste al primer embate
promete, ella escucha, él ruega,
si ella vuelve a resistirse
saca la daga, y con ella
dice que se ha de dar muerte
si al instante no le premian,
que ha de morir de infeliz
antes que de amante muera
pide palabra de esposo
la dama, y porque le crea
le da el galán más palabras
que él que tiene muchas deudas;
ríndele su voluntad,
y no la ha vencido apenas,
cuando se trueca de acíbar
el que era amante jalea.
—¿Te apartas? —No estés cansada.
—¿Qué te quieres ir? —Es fuerza.
—Aguarda. —¡Qué porfiada!
—Advierte, Señor. —¡Qué necia!
—¿Me quieres? —¡Qué desconfiada!
—¿Te canso? —No me detengas.
—Yo lloraré. —¡Oh lagrimitas!
—¿No me has de ver? —Cuando pueda.»
Mira otra dama después,
pero no la ha visto apenas
cuando hace con la segunda
lo que hizo con la primera.
Pues mueran aquestas aves
que bastardamente esperan
usurpar de nuestro honor

los rayos de su pureza
yo he de vengar las mujeres,
yo, con invención más nueva
que pudiera a la venganza
disponer la astuta griega;
¿ellos no dicen que quieren
las mujeres que requiebran?
Pues yo he de fingir que adoro
aquellos que me pretendan
yo he de comprar su castigo
con mi engaño, de manera
que en las redes de mi industria
peligre su resistencia;
galán que me adoró joven
y con finas diferencias,
ya me corteje Alejandro,
o ya me procure César,
ha de pensar que le quiero,
para que cuando me crea,
los filos de la confianza,
si no le maten, le hieran,
¡qué será ver en el lazo
la turba de aves ligeras,
que al reclamo del amor
cariñosamente vuela,
ver la dulce mariposa
que la llama galantea!
¡Qué será cuando en sus rayos
lascivamente se quema!
Como no les tenga amor,
¿qué importa que ellos le entiendan?
A esta flor de sus ternuras
la flor de mi engaño crezca;
tan al revés me presuma

cuando me parezca al Etna,
que guarde la nieve dentro
y exhale la llama fuera;
hoy a todos sus engaños
todo mi ardid se carea
a un envejecido mal
una novedad divierta;
herir por los propios filos
fue de un agravio destreza,
los que con amaños hieren,
de heridas de industria mueran;
mujer soy, y solo vuelvo
por las mujeres, que es deuda
que pago a la obligación
de nuestra naturaleza;
venza a su industria mi industria,
mi engaño a su engaño venza,
en un error tan difícil
sepa entender una enmienda;
a un agravio del amor
una venganza suceda,
porque halle el fin la venganza,
halle el alivio la queja,
halle al soborno el delito,
halle al descanso la pena,
porque halle el amor venganzas,
satisfacciones la ofensa,
porque las mujeres vivan
y porque los hombres mueran.

Doña Inés   Tú y don Bernardo, tu hermano,
                   sois de una misma manera,
                   y esas dos no son pasiones
                   que entrambas parecer temas;

44

tú no has oído a los hombres
cuando amorosos requiebran,
pues de conocerlos a oírlos
hay muy grande diferencia.

(Sale Águeda.)

Águeda

Señora, el tal don Melchor,
el soldado, el que desea
darse, esgrimiendo contigo,
dos cintarazos de arenga,
viene, como me mandaste.

Doña Juana
(Vase Águeda.)

Dile que entre; porque veas
lo que pesa mi desden,
lo que vale mi entereza,
quiero que estrenes mi engaño.

Doña Inés

No quiero ver experiencias
a costa del sentimiento.

Doña Juana

Tente, doña Inés, espera.

Doña Inés

Correrase mi decoro
creyendo tu resistencia.

(Vase.)

(Sale don Melchor y Águeda.)

Don Melchor

Al paso de tus enojos,
para que mis ansias crezcan,
hoy afables te merezcan
verse en tus ojos mis ojos;

45

en buen hora, dueño mío,
objeto del pensamiento,
causa de mi sentimiento
y móvil de mi albedrío,
lograr puedan mis temores
su alivio.

Doña Juana
(Aparte.)   (¡Ah falsos!)

Don Melchor   (Y intente
mirarme en tu luz ardiente,
con tal constancia...)

Doña Juana
(Aparte.)   (¡Ah traidores!)

Don Melchor   Que al ver tu Luna serena...

Doña Juana
(Aparte.)   (¡Qué tierno va y qué argentado!)

Don Melchor   Pueda todo mi cuidado
divertir toda una pena;
como el alba, cuando espera
por el Oriente lucir,
al campo te vi salir.
¡Pluguiera amor no te viera!
¡Oh cómo el Aurora ufana
pule el campo, el prado asea!

Doña Juana   En mi vida he estado fea,
si no es aquella mañana.

Don Melchor	Quedé con tus ojos ciego.
Doña Juana	¿Luego ciegan los amantes?
Don Melchor	Y entre mis ansias constantes te escribí mi pena luego; quedó mi esperanza incierta, mi dolor más prevenido; y, en efecto, he merecido que...

(Llaman a la puerta.)

Doña Juana	Llamaron a la puerta.
Águeda	Tu hermano debe de ser.
Doña Juana	Gran riesgo corre mi fama.

(Vuelven a llamar.)

Águeda	De casa es este que llama.
Doña Juana	Vos os habéis de esconder.
Don Melchor	¿Quién ha de esconderse? ¿yo?
Doña Juana (Aparte.)	(Con que le obligue no sé.)
Don Melchor	Cuantas cosas hay haré; pero el esconderme, no.
Doña Juana	¿Esa es fineza? ¿Es amor?

Don Melchor	Es que nací caballero.
Doña Juana	Muy bien pagáis lo que os quiero, con no mirar por mi honor.
Don Melchor	Pues a vuestro amor me allano, por obedeceros entro.

(Escóndele la criada.)

Doña Juana	Escóndele bien adentro, no oiga lo que habla mi hermano.
Águeda	templa agora esos recelos.
Doña Juana	Turbada estoy.
Águeda	Yo estoy muerta, agora voy a abrir la puerta.

(Abre, y sale don Antonio con la daga empuñada, y Sabañón.)

Don Antonio	Morirás, viven los cielos; ahora satisfaré...
Doña Juana	¿Qué es esto que llego a oír? ¿quién es quien ha de morir?

Don Antonio (Túrbase.)

Yo, señora, que os miré.
Sabañón, ¿qué es lo que has hecho?
¿cómo la casa has errado,
y a la de mi dama misma

me has traído?

Sabañón	Soy un asno.

Doña Juana   Señor don Antonio, ¿vos
en mi casa? ¿Cómo, osado,
la turbación en los ojos,
con el acero en la mano?
(Águeda, vete allá fuera.)

(Vase Águeda.)   Turbada la voz y el paso,
¿dentro en mi casa os entráis?

Don Antonio   Señora... yo estoy turbado;
vive Dios, que has de pagarme
el error.

Sabañón   O estoy borracho,
o he visto a tu propia hermana
dentro deste mismo cuarto.

Don Antonio   Señora, alabo mi acierto
en mi propio error, y alabo
que me levante mi amor
cuando tropieza mi agravio;
yo os vi florecerle a un tiempo,
yo os vi discurrir el prado,
vi reina flor que mandaba
las otras flores del campo;
y por el precepto vuestro
anduve tan cortesano,
que no seguí vuestro coche,
bien que era alcanzarle en vano,
siendo vos el Sol, y siendo
de su coche los caballos;

cuando os juzgaba perdida
hoy a mi amor os restauro.

Doña Juana
(Aparte.)   Detened. (Éste galán
va queriendo muy despacio,
cuando otro galán está
oculto dentro en mi cuarto
pues para que salga aquél
y para engañar a entrambos,
desta manera ha de ser.)
Digo, Señor, que yo traigo
los peligros muy al alma
y los riesgos muy al paso;
aquí no podéis estar
por ahora, contentaos
con que el fuego de mi amor
brote en incendios al labio;
ya os he dicho que os estimo
(que es lo más), y ahora os mando
que os vais, porque se aventura
vuestro amor y mi recato;
ocasiones dará el tiempo
en que vos y yo podamos,
yo declarar mi pasión,
vos descifrar este encanto,
yo en vuestra llama templarme,
vos en mi incendio abrasaros,
vos a mis ojos...

(Sale Águeda.)

Águeda   Señora,
grande desdicha, tu hermano.

Doña Juana	¿Qué dices?
Águeda	Lo que te digo.
Doña Juana	¿Puede salir?
Águeda	Ya va entrando por el zaguán.
Doña Juana	¿Pues adónde le esconderás?
Sabañón	Yo me zampo debajo de aquel bufete que hay sobremesa.

(Vase.)

Águeda	Esto es malo, que sube ya la escalera.
Doña Juana	¡Hay amor tan desdichado! entraos en ese retrete.
Don Antonio	Todo vuestro amor os pago con esta fineza.

(Escóndese al otro lado.)

(Sale don Bernardo.)

Don Bernardo	¿Juana?

Doña Juana	Señor, ¿tú el color helado? ¿Tú sin templanza la voz?
Don Bernardo	¿Entró aquí un hombre?
Doña Juana	Los rayos del Sol, padre de la luz, no se atreven al sagrado de mi honor.
Don Bernardo	¿Y doña Inés?
Doña Juana	Retirada está en su cuarto.
Don Bernardo	¡Gran mal!
Doña Juana	Él le ha visto entrar. ¿Qué dices?
Don Bernardo	Vino el hermano de doña Inés.
Doña Juana	Corazón, volved ahora a cobraros.
Don Bernardo	Y importa...

(Sale don Melchor al paño.)

Don Melchor	Yo he de salir.
Don Bernardo	Que esté escondida.

(Sale don Antonio al paño.)

52

Don Antonio	Yo salgo...
Don Bernardo	En su cuarto.
Don Melchor	Que no esbien...
Don Antonio	Que no es de pechos honrados...
Don Melchor	Que llegue a hallarme cobarde.
Don Antonio	Que yo me haya retirado; mas saber quiero su intento.
Doña Juana	¿Tú le viste?
Don Bernardo	Sí.
Don Melchor	Yo aguardo a ver su resolución.
Doña Juana	¿Dónde?
Don Bernardo	En esa calle; el caso, aunque pide un gran valor, pide un atento cuidado; quiero cerrar esta puerta.
(Cierra.)	
Don Antonio	Vive el cielo, que ha cerrado.
Águeda (Aparte.)	(Cayeron en ratonera los amantes.)

Doña Juana	¿Sabe acaso su hermano que la robaste?
Don Bernardo	No sé, pero es necesario tener, porque a Inés no vea, esos balcones tapiados; dentro en casa no entre alguno sin que primero sepamos quién es y qué es lo que quiere.
Doña Juana	Ley es en mí tu mandato.
Don Bernardo	Ven, Águeda; ven tú, Juana.
Doña Juana (Aparte.)	(¿Cómo, cielos soberanos, han de salir don Antonio y don Melchor?)
Don Bernardo	Los agravios no se vengan cara a cara.
Doña Juana	Dices bien.
Don Bernardo	Y así me valgo de lo cuidadoso, antes que me estrene en lo bizarro.
Doña Juana	¿Oyes, Águeda?
Águeda	¿Qué dices?
Doña Juana	Procura...

Águeda	¿Qué has ordenado?
Doña Juana	Quedarte.
Don Bernardo	Ven, Aguedilla,
	Ven, Juana.
Doña Juana	Sigo tus pasos.
Don Bernardo	Cierra esta puerta de en medio,
	y quede el cuarto cerrado.
Doña Juana	¡Que hallase lugar un riesgo
	donde el amor no le ha hallado!

(Vanse.)

Don Melchor	Él se fue, quiero salir.
Don Antonio	Él se ha entrado, ya yo salgo.
Don Melchor	A ver si hallo alguna puerta
	por donde irme.
Don Antonio	A ver si hallo
	por donde salir.
Don Melchor	¿Qué espero?
Don Antonio	¿Qué me suspendo?
Don Melchor	¿En qué tardo?

(Van a salir uno por una puerta y otro por otra, y encuéntranse cara a cara.)

Don Melchor   ¿Don Antonio?

Don Antonio   ¿Don Melchor?

Don Melchor   ¿Vos oculto?

Don Antonio   ¿Vos aquí
escondido estabais?

Don Melchor   Sí.

Don Antonio   ¿Quién os ha traído?

Don Melchor   Amor.
¿y vos también escondido?
¿esto sucede?

Don Antonio   ¿Esto pasa?

Don Melchor   ¿Pues quién os trujo a esta casa?

Don Antonio   Amor también me ha traído.

Don Melchor   La causa de amor ignoro.

Don Antonio   ¿De qué pena adolecéis?

Don Melchor   Vive en la casa que veis
el sujeto que yo adoro,
y en ella hallaros me admiro
ignorando lo que os pasa.

Don Antonio	También vive en esta casa el objeto a quien yo miro.
Don Melchor	El dueño mi amor allana.
Don Antonio	Y yo el dueño por quien muero.
Don Melchor	Pues yo a doña Juana quiero.
Don Antonio	Y yo adoro a doña Juana.
Don Melchor	Luego esta dama que os digo es la que amáis?
Don Antonio	Sí, Melchor. ¿Luego a quien tenéis amor es esta dama?
Don Melchor	Sí, amigo.
Don Antonio	Pues bien podéis proseguir.
Don Melchor	Pues bien la podéis amar.
Don Antonio	Yo he de morir y olvidar.
Don Melchor	Yo he de olvidar y morir.
Don Antonio	No habéis de excederme, no.
Don Melchor	Ni vos me habéis de exceder; vuestra la dama ha de ser, vivid vos y muera yo.

Don Antonio	Mi amor se quede en mi labio.
Don Melchor	Marchítese mi esperanza.
Don Antonio	Yo trato de mi venganza.
Don Melchor	Y yo trato de mi agravio.
Don Antonio	Muera yo de aquesta herida y lograd vos esa suerte.
Don Melchor	¿Qué me importa a mí la muerte, si a vos os vale la vida? Ved, que con morir remedio vuestra vida, vive Dios.
Don Antonio	Sabed, que para los dos tengo de elegir un medio.
Don Melchor	¿Medio puede haber aquí para que nos conformemos, puesto que los dos queremos a una propia dama?
Don Antonio	Sí; Decid, ¿cómo hemos vivido en nuestra amistad yo y vos?
Don Melchor	Somos amigos los dos como ninguno lo ha sido.
Don Antonio	Pues si ninguno ha igualado de amistad estos extremos, también un medio ajustemos

que ninguno le ha intentado;
que solo nuestra amistad
pudiera hacerle infalible.

Don Melchor   ¿Es fácil?

Don Antonio   Y muy posible.

Don Melchor   Pues referidle.

Don Antonio   Escuchad;
vos, obre o no su desdén,
la amad constante y rendido,
y yo al riesgo de su olvido
he de servirla también;
en vos halle el galanteo,
la fineza y amor halle,
yo repetiré en su calle
la asistencia y el paseo;
vos, lógrese ó no el favor,
como amigo y obligado,
me contaréis el estado
en que se halla vuestro amor;
yo, como amigo también,
para que nos conformemos,
os contaré los extremos
de su amor y su desdén.
Si a vos os tiene afición,
desistiré de mi empresa;
y si a mí me quiere, cesa
vuestra amorosa pasión.
Y siendo los dos testigos
del servir y el merecer,
a un tiempo podremos ser

competidores y amigos.

Don Melchor
Sea así; aunque desconfío
que a mí me llegue a premiar;
mas vos me habéis de ayudar
a mi amor.

Don Antonio
Y vos al mío
y por igual recompensa
me ayudaréis cuerdo y sabio,
si importa a seguir mi agravio.

Don Melchor
Y vos a seguir mi ofensa.

Don Antonio
Pues amigo, a pretender.

Don Melchor
Ea, amigo, a solicitar.

Don Antonio
Su cielo he de conquistar.

Don Melchor
Su luz pruebo a merecer.

Don Antonio
¿Y si premiare mi amor?

Don Melchor
Castigaré mi cuidado.
¿Y si yo fuere premiado?

Don Antonio
Corregiré mi dolor.

Don Melchor
Yo estoy de vos obligado.

Don Antonio
De vuestra amistad me obligo.
¿Podremos salir?

60

Don Melchor   No, amigo.

Don Antonio   ¿No hay por dónde?

(Mirando las puertas.)

Don Melchor   Está cerrado.

Don Antonio   En vuestro cuarto aguardad,
                  que en esto el riesgo se allana.

Don Melchor   ¿Y no sabrá doña Juana
                  qué hemos hablado?

Don Antonio   Es verdad,

Don Melchor   Pues ¿qué remedio elegís?

Don Antonio   Que miréis por su opinión,
                  que ella buscará ocasión
                  de sacarnos.

Don Melchor   Bien decís.

Don Antonio   Pues en un cuerpo los dos,
                  las dos almas ajustemos.

Don Melchor   Entrad, que luego hablaremos.

Don Antonio   Pues adiós, amigo.

Don Melchor   Adiós.

Don Antonio   ¡Oh, si fuese preferido!

Don Melchor	¡Oh, si yo fuese premiado!
Don Antonio	¡Que haya quien quiera agraviado!
Don Melchor	¡Que haya quien ame ofendido!

(Vase cada uno por su puerta.)

Fin de la primera jornada

Jornada segunda

(Sale don Antonio.)

Don Antonio   Gracias doy a mi fortuna
que llegué a puerto feliz
después que piloto errado
tormenta de amor corrí.
Gracias a Dios que ya he entrado
en mi casa, y que salí
de aquel riesgo y desta duda,
para que puedan lucir
en los premios del deseo
los logros que merecí.
(Recio.)   ¿Está don Melchor en casa?
¿Ha entrado en su cuarto?

(Sale don Melchor con un ramillete.)

Don Melchor   Sí.

Don Antonio   Seáis, don Melchor, bien hallado.

Don Melchor   Como os vi tardar, creí
que era preciso volver
a buscaros.

Don Antonio   Ya halló el fin
mi esperanza merecida;
ya he llegado a conseguir
al mérito la fortuna,
y el bien al mal.

Don Melchor   ¿Qué decís?

63

Don Antonio	Que espero a que me contéis cómo habéis venido aquí, qué os pasó con doña Juana, cómo os pudieron abrir estando el cuarto cerrado. Decid, don Melchor.
Don Melchor	Oíd: ya os acordáis que los dos por un amoroso fin lidiamos con las dos almas, vos intentando asistir al cielo de doña Juana, yo a idolatrarle gentil. Y que también es concierto que en esta amigable lid prosiga el favorecido, y que muera el infeliz.
Don Antonio	Todo es verdad, don Melchor.
Don Melchor	Pues amigo...
Don Antonio	¿Qué sentis?
Don Melchor	Siento que os cuente sus dichas quien no os las quiere decir.
Don Antonio	¿Qué hay?
Don Melchor	Que quiere doña Juana...
Don Antonio	¿A quién, don Melchor?

Don Melchor	A mí.
Don Antonio	¿Cómo lo sabéis?
Don Melchor	Si es cierto, ¿vos no habéis de desistir?
Don Antonio	Si es cierto, desistiré.
Don Melchor	¿Yo no he de lograrla?
Don Antonio	Sí. ¿Pues cómo os premió?
Don Melchor	Atended.
Don Antonio	Ya os escucho, proseguid.
Don Melchor	Quedé en el cuarto que visteis tan conmigo y tan sin mi, que el valor me vio animar y el amor me vio morir; pasé desde aquella cuadra a un oculto camarín, desde él a una verde reja, a quien con verde buril labró hiedra cuidadosa, trepando lasciva a unir, o al olmo recién vestido o al desnudo rebellín; y por sus frondosas ramas la vista encargué a un jardín que hijo segundo heredo

flores libres del Abril;
vi a doña Juana, mi amante,
y vuestra amante, lucir
tanto, que entre reinas flores
vino a ser la emperatriz.
Cortando azucenas blancas
la contemplé discurrir,
más bella que cuando el Sol
asiste en nuestro Cenit;
Y como es la azucena
la flor de lis, advertí,
que era flor de lis su mano,
procurando corregir
a cárcel de un ramillete
azucenas mil a mil.
Prendió su mano con ellas,
y fue el error más feliz,
porque el azucena es
mano del alba, a quien vi
en cinco hojas, cinco dedos,
y aquí con igual matiz
su mano era de cinco hojas
de azucena o flor de lis.
Rosa y jazmín se trocaron
sus colores al sentir
a mi dueño, que flor reina
preceptos puso al jardín,
vistiose de blanco ella,
cubriose él de carmesí,
la rosa de desmayada
y de corrido el jazmín.
Moviéronse algunas flores,
y púseme a discurrir
cómo sin fuerza del viento

se mueven aquí y allí.
Y era, que como mi dueño,
a quien un alma rendí,
era flor de residencia
de su rey, el año Abril,
temiendo que se averigüe
lo que han sabido fingir
de mentirosas fragancias
temblaban dentro de sí.
A una cristalina fuente
puso el labio de carmín,
y bullicioso el cristal
procuraba derretir
la nieve, y antes la nieve
helaba al cristal sutil.
Apagar también quería
el fuego en que me encendí
de sus mejillas y labios;
mas no pudo conseguir
de los dos ningún efecto,
quedando en tan nueva lid
su nieve, cristal de roca,
más purificada así;
labios y mejillas, grana
de mas purpúreo matiz,
y el agua competidora,
bien que enemigo civil,
de corrida se paró,
si antes corrió a competir.
Por entre las verdes hiedras
a la voz introducí
a que repitiese el nombre
de mi hermoso serafín.
Mandó su oído a sus ojos

que mirasen hacia mí,
y al procurarla diamante
la averigüé de rubí.
Piadoso sed, dueño mío,
(la dije), al verme morir;
no matéis con la hermosura
si con la gala rendís.
Éste que por fin oculto
padecer quiere y sufrir,
logre de vuestros favores
el más venturoso fin.
—Calla (me dijo a este ruego),
que ya no están para oír
a tus razones mis ansias
ocioso dura el ardid
de mis desdenes, que sienten
a tu amor dentro de sí,
cuando al trato de tus ruegos
me la has venido a rendir,
y pues no cabe en mi lengua
mi pasión, salgan aquí
destiladas de mis ojos
lágrimas que reprimí
y esto no me dijo, cuando
le vieras contribuir
al clavel, rey de sus labios,
derretido un Potosí;
y como sus blancas perlas
bajaban de mil en mil,
se estorbaron en sus labios,
tanto, que al verlas creí
que eran sus lágrimas dientes,
pues no hubo que distinguir
entre sus lágrimas perlas,

y entre sus dientes marfil;
estas escogidas flores
del verde ameno pensil
dejó en mi mano su mano;
amante las admití,
y de hallarlas me admiró
entre azules alelís,
si olorosas al nacer,
alas fragantes al morir.
Llamola en esto su hermano
y vínome luego a abrir
con la llave una criada;
del cuarto oculto salí
llegué a casa, hállote en ella,
y quísete referir
a intercesión de tu ruego
toda mi dicha, y así
bien, pueden ya tus deseos
desta empresa desistir;
mi amante premia mi amor,
no te ha preferido a ti,
no pueden mentir sus ojos,
ni el favor puede mentir;
por ti, vive Dios, me pesa,
más que me alegro por mí
pero, pues eres mi amigo,
tú serás el adalid
que me corrija la senda
del camino que elegí.
Permite, pues, don Antonio,
que solicite ceñir
al árbol de la hermosura
esta cariñosa vid;
pero si tu amor tuviere

tan profunda la raíz
que se haga fuerte en el centro
en que empezó a producir:
Si de la herida del alma
no sana tu cicatriz,
y la cura sobre falso
nuestra amistad, desde aquí
la solicita constante,
la procura varonil,
ablándala con tus quejas,
hallen tus ruegos el fin,
oblígala, yo la enoje,
muera yo, tú has de vivir;
prosigue, desista yo,
que no ha de extrañarse en mí
que no sea esta vez dichoso
quien nunca ha sido feliz.

Don Antonio   Tus favores he escuchado
y mi amistad ha admitido
que ser tu favorecido
me cueste ser olvidado;
que no he de sentir así
tu premio ni mi desdén,
que a mí me premia también
puesto que te premia a ti;
un amor, un ciego Dios
nos inclinó a una belleza;
Y, en fin, por naturaleza
somos tan finos los dos,
o los dos somos tan unos,
que no me puedo enojar,
pues a los dos ha de amar
o no ha de amar a ninguno;

en igual balanza estén
tu gloria y pena mayor,
yo celebraré tu amor,
tú sentirás mi desdén
yo desquitaré en un grado
cuando tus méritos veo
no conseguir mi deseo
porque tú le hayas logrado
como amigo fiel,
con la gloria del favor
desquitarás el dolor
de verme penar sin él;
y mirando nuestro amor
en el gozo y sentimiento
tan equívoco el tormento,
tan repartido el favor,
no entenderán tus temores,
aunque más saberlo ordenes,
ni a quien hizo los desdén
ni quien logró los favores.

| Don Melchor | Esa es nueva obligación; soy tu amigo. |

| Don Antonio | El más fiel. |

| Don Melchor | Voy a escribirla un papel que ha de llevar Sabañón. |

| Don Antonio | Esas pasiones reporta. |

| Don Melchor | Estoy a su amor rendido. |

| Don Antonio | Pues Sabañón no ha venido. |

Don Melchor	Tendréle escrito, no importa.

(Hace que se va.)

Don Antonio (Aparte.)	(¡Oh lo que puede conmigo mi amistad! Hablen mis penas.) ¿Oyes, don Melchor?

Don Melchor	¿Qué ordenas?

Don Antonio	¿Quieres ver si soy tu amigo?

Don Melchor	Eres mi amigo mayor.

Don Antonio (Aparte.)	(Arda eficaz esta llama.) ¿Ves que me ofreces tu dama con merecer su favor?

Don Melchor	Que lo cumpliré veras.

Don Antonio	¿No haces mucho en eso?

Don Melchor	Sí.

Don Antonio	Pues más hago yo por ti; vete, y no preguntes más.

Don Melchor	¿De qué suerte?

Don Antonio	Si la digo ya no es grande la amistad.

Don Melchor	Ya conozco tu lealtad.
Don Antonio	Pues adiós.
Don Melchor	Adiós amigo.
Don Antonio	No te la quiero contar.
Don Melchor	Mas yo la quiero saber, digo que no puede ser que me llegues a igualar con esa leal fineza; dime esa amistad mayor.
Don Antonio	No te está bien, don Melchor.
Don Melchor	Don Antonio, dila, empieza; yo te dije el favor mío.
Don Antonio	Yo te le ayudo a lograr.
Don Melchor	El cómo me has de contar.
Don Antonio	¿Y porfías?
Don Melchor	Y porfío.
Don Antonio	¿Aunque sea contra ti?
Don Melchor	Por salir deste cuidado.
Don Antonio	Mira que tú me has rogado.

Don Melchor	Es verdad.
Don Antonio	Pues oye.
Don Melchor	Di.
Don Antonio	Nuestro dueño idolatrado,

Don Antonio

Nuestro dueño idolatrado,
la que dos almas rindió,
habrá una hora que llegó
donde yo estaba encerrado;
abrió, y logré su arrebol
viendo su luz peregrina
pues fue la aurora divina
cuando abre puertas al Sol.
«Salid, gallardo homicida,
de un alma que me usurpáis
salid (dijo), y no pongáis
Al riesgo de honor mi vida.
Y no la arriesgar (¡ay Dios!)
no penséis que es cobardía,
que no la guardo por mía,
sino porque es para vos.
Mis ansias no admirarán,
viéndome amaros constante,
que yo pusiese lo amante,
si vos ponéis lo galán;
vi el mérito, soy mujer,
yo os escuché, sois discreto,
y yo os adoro, en efeto,
idos, y volvedme a ver»;
dijo, fuese, y mi pasión
quedó con menos templanza,
pues le encargué a mi esperanza
lo que falté a mi pasión;

y que estoy, decir me atrevo,
puesto que me has obligado,
tan de nuevo enamorado
como obligado de nuevo;
pero hoy tan amigo he sido,
que permitió mi cuidado
que te nombrases premiado
siendo yo el favorecido;
a dos no puede querer
que el amor es singular;
pues si a uno solo ha de amar,
al otro ha de aborrecer;
si un favor te ha dado a ti
a mis méritos prefiere,
no te ha dicho que te quiere,
y dice que me ama a mí;
pues si no se compadece
que amor en dos se divida,
luego es a ti a quien olvida
y es a mí a quien favorece.

Don Melchor   Desta novedad me espanto
y tu fineza agradezco;
mas yo soy el que merezco
la retórica del llanto,
que soy preferido vi.

Don Antonio   A mí con fuego veloz
me dijo su amor su voz.

Don Melchor   Y sus lágrimas a mí.

Don Antonio   De eso conjeturo yo
que me llega a preferir;

	lágrimas pueden mentir, pero las palabras no.
Don Melchor	Respondido el argumento, te traen tus proposiciones, las lágrimas son pasiones, y las palabras son viento.
Don Antonio	Pues serán por darte enojos más diestro, si no más sabios, porque son glosa los labios de las leyes de los ojos.
Don Melchor	¿No son glosa del encanto de aquel corriente veloz? ¿Luego se crió la voz para explicación del llanto?
Don Antonio	Que dices verdad infiero, el comento suyo es.
Don Melchor	¿Luego la voz es después? ¿Luego es el llanto primero?
Don Antonio	Enmendarte quiero aquí, que finge tiernos enojos la voz, si explica a los ojos, pero no finge por sí.
Don Melchor	Con esa misma opinión mis verdades aseguras, que son las lágrimas puras palabras del corazón; y fuera muy grande mengua,

siendo rey, por más blasón,
que ejercite el corazón
ficciones que usa la lengua.

Don Antonio   Un bronce obstinado labras;
no me podrás convencer.

Don Melchor   Lágrimas he de creer.

Don Antonio   Yo he de creer las palabras.

Don Melchor   Yo estas flores que poseo
que esperanza mía son.

Don Antonio   Esas las dio la ocasión,
que no te las dio el deseo.

Don Melchor   La porfía a enfado pasa,
y ya la puedes dejar.

Don Antonio   ¿Tú no me obligaste a hablar?

(Sale Sabañón.)

Sabañón   Sea Dios en esta casa.

Don Melchor   ¿Sabañón?

Sabañón   ¿Qué, os hallo aquí?
gran fortuna ha sido hallaros.
Traigo un cuento que contaros.

Don Antonio   ¿Es largo el cuento?

Sabañón	Así, así;
	y referílosle intento,
	que os va honra y opinión.
Don Melchor	Pues empieza, Sabañón.
Don Antonio	Va de cuento.
Sabañón	Va de cuento,
	ya sabéis que soy gallina,
	pues mi antigua línea recta
	del gallo de la pasión
	desciende de cresta en cresta.
	Pues apenas el hermano
	de esa dama, que es tan vuestra
	que no ha de ser de ninguno,
	dio el golpe recio a su puerta
	cuando al ruido fraternal
	me entré debajo (ten cuenta),
	de un bufete provincial
	que con mucha reverencia
	hasta el suelo le llegaban
	las faldas de sobremesa;
	entró muy grave el hermano,
	y yo temí en mi conciencia
	que me coja entre bufete,
	que es algo más que entre puertas;
	paseábase con suspiros
	tan airado y tan apriesa,
	que pensé que había hecho
	alguna dama cazuela;
	tal vez al suelo miraba,
	luego miraba a la mesa;
	y dije, ¿si este hombre quiere

hacerme ver las estrellas?
Llegó a la mesa una silla,
púsose a escribir en ella;
pero de muy mala tinta
y no de muy buena letra.
Yo que me vi en este aprieto,
con todo el hermano a cuestas,
dije: aqueste hermano es diablo
y me ha de tentar por fuerza;
si él debajo del bufete
acaso mete una pierna,
no doy por mi vida un cuarto,
luego habrá requiem aeternam;
él no me podía ver
ni tocarme desde afuera,
ni aun oírme no podía,
que no resollaba apenas;
y no estaba tan gustoso
yo, que gustarme pudiera
pero me podía oler
con muy poca diligencia;
levantose de la silla,
y a un florido jardín entra
donde su divina hermana,
alma más florida y bella,
viendo vestir a las flores
de su ordinaria librea,
les comunicó prestada
blanca guarnición de perlas
Aguedilla, la criada,
que entiende bien la materia
(pues hace a cualquier Calixto
juntarse con Melibea),
me sacó del purgatorio

del bufete, con la cuenta
de ir poco a poco mirando,
no sea el diablo que nos vea;
pasé por una cocina,
metiome en una dispensa;
hablamos los dos muy largo,
no tendido, que esto fuera
decir que fui de su honor
comunero de la legua;
y es muy honrada Aguedilla,
y a no ser porque se prenda
de todos los que la dicen
cualquiera palabra tierna;
a no ser un poco falsa,
y dos pocos alcahueta;
a no beber algo más
de lo ordinario, ser fea,
ser corta de talle y sucia,
no hubiera mujer como ella.
En la despensa, Señor,
ya sabes tú que era fuerza
hacer algún peso falso;
pues tomé esta tema nueva,
que es decir mal de los dos;
y no os admire la tema,
porque vendería a mi padre
desde que me vi en dispensa;
ella, que me vio decir
mal de mis amos, empieza
a irse como una canilla,
pero fuese por la lengua;
díjome que doña Juana,
su Señora... ahora entran,
don Antonio, tus agravios.

Don Antonio	Habla, Sabañón, ¿qué esperas?
Sabañón	Es, que no te puede ver, que te engaña y lisonjea, que ha fingido que te adora porque la adores y quieras; dice que eres desvaído que eres flaco, que tus piernas son entrambas dos verdades que adelgazan y no quiebran; que es un órgano tu boca, que tus colmillos en ella están altos, y tus dientes están bajos; de manera, que en las encías traes puestos re-mi-fa-soles por muelas; dice...
Don Melchor	Espera, Sabañón.
Sabañón	Que eres necio...
Don Melchor	Aguarda, espera. ¿Veis como me quiere a mí, y como a vos os desprecia?
Don Antonio	Decís bien.
Don Melchor	¿Veis como a mí me estima?
Don Antonio	¡Infeliz estrella!

Don Melchor	¿Veis vuestro error?
Don Antonio	Ya le lloro.
Sabañón	Tente, Señor, no le sientas.
Don Melchor	¿Por qué no le ha de sentir?
Don Antonio	¿Con qué consolarme intentas?
Don Melchor	Acaba.
Don Antonio	Di.
Sabañón	Con que a entrambos os quiere de una manera.
Don Melchor	¿Luego me aborrece?

Sabañón
                    Sí;
pero esta ventaja llevas,
que deste hace grande burla;
mas de ti, porque le excedas,
no hace más que escarnio, burla,
chanza, fisga, mofa y befa.

Don Melchor   Mientes.

Sabañón   Oye lo que dice.

Don Melchor   No te creo.

Sabañón   No me creas.
que eres rubio, vergonzoso;

que eres calvo, sin modestia;
pues sin cabellera andas
con tu calva a la vergüenza.
Que con tus dos pies se entienden
los medidores de leguas;
y que con esa toalla
que traes por valona puesta,
la daga de guardamano,
coletón de vara y media,
el sombrero, la toquilla,
la banda y vueltas francesas,
nadie te digerirá
porque eres todo crudezas;
en fin, a los dos engaña.
Y a entrambos a un tiempo premia.
Ella hace la mejor burla
de vuestras finas ternezas
que he visto tejer en corros
que son de la mofa tiendas.
En su vida diz que tuvo
la tal dama adarme y media
de afición; al que es constante
le hace arrobas de finezas.
Ea, amantes de un Dios ciego,
palo de ciego a esta perra,
que al tus tus de voluntad
halaga y suelta la presa.
A la hinchazon de ser vana,
cirujano de más ciencia
la he de poner un emplasto
que madure su dureza:
al veneno del desprecio
he hallado la contrayerba,
con la flecha de su ardid

presumo hacer que se quiera;
dejadme obrar y callad,
yo haré a esta amante gallega
que no jure falso más
cuando sus pasiones mienta;
ya os he dicho la verdad,
y ahora, amos míos, queda,
que os dejéis curar, aunque
más la medicina os duela,
para que vuestra venganza
a sus ardides suceda,
mi diligencia a su engaño,
mi industria a su resistencia;
y pues con la ciencia mía,
Y también con la paz vuestra
se ha de curar este mal,
no hay sino tener paciencia.

Don Melchor   ¿Posible es que me mintieron
aquellas lágrimas tiernas,
que intentando ser palabras
se quedaron en ser perlas?

Don Antonio   ¿Es posible que a su voz
pasiones mintió su lengua?
¿Y que se vistiese el alma
el traje de la cautela?

Don Melchor   ¡Fuego en todas las mujeres!

Don Antonio   ¡Fuego de desprecios venga
en quien creyere su llanto!

Don Melchor   Di, Sabañón, ¿cómo ordenas

tu venganza?

Don Antonio
    ¿Cómo puedes
satisfacer nuestras quejas?

Sabañón
    ¿No conocéis en su calle,
decid, a una doña Andrea,
que es rica, y tiene dos hijas
de igual hermosura y prendas?

Don Melchor
    Sí; junto a su misma casa
viven unidas.

Sabañón
       Pues estas
para el fuego de mi ardid
he de aplicar la materia.

Don Antonio
    ¿Cómo?

Sabañón
      No preguntes más.

Don Melchor
    ¿No sabremos?...

Sabañón
      No pretendas
que declare la venganza
hasta que la industria veas;
venid conmigo los dos.

Don Antonio
    Responde, ¿a dónde nos llevas?

Sabañón
    A casa de doña Juana.

Don Melchor
    ¿Y su hermano?

Sabañón	No le temas, que es hermano tan tardío, según Águeda me cuenta, que no madura en su casa hasta más de la una y media.
Don Melchor	Pues ya anochece.
Don Antonio	Pues vamos.
Sabañón	Ya la negra noche cierra, que de entenderla la edad yo soy el mejor albeitar.
Don Melchor	Sabañón, mira lo que haces.
Sabañón	Ea, amos míos, a ella.
Don Antonio	Muera este vil cocodrillo.
Don Melchor	¡Muera esta engañosa hiena!
Don Antonio	Y diga yo...
Don Melchor	Y yo repita...
Don Antonio	Antes que a vengarme atienda...
Don Melchor	Fuego en quien fía en lágrimas secretas, pues las cría el engaño y la cautela.
Don Antonio	¡Fuego en quien fía de palabras tiernas que son viento, y el viento se las lleva!

(Salen doña Juana y Águeda, con luz.)

Doña Juana   Cansada, Aguedilla, estás.

Águeda   ¿No repasas los papeles
de tus amantes noveles?

Doña Juana   ¿Cuántos quedan?

Águeda   Seis no más.

Doña Juana   Dámelos, Águeda.

Águeda   Toma.

Doña Juana   Este papel que me has dado,
¿sabes cuyo es?

Águeda   Del letrado.

Doña Juana   ¿Y éste?

Águeda   Del curial de Roma.

Doña Juana   Al letrado no codicia
mi desdén, no le he de ver,
no sea que me haga creer
que tiene su amor justicia;
y al curial le di también,
pues ves mi resolución,
que traiga dispensación
para que le quiera bien.
¿Y cuyo es éste?

Águeda	Éste es,
	si la nema no mintió,
	de un hidalgo, que salió
	con el hábito habrá un mes;
	tiene coche y pundonor,
	y con grande fausto vive.
Doña Juana	Ahora veré qué me escribe
	el señor Comendador.
(Lee.)	«Vos me habéis robado el alma, señora mía, si por el hábito santo que traigo a los pechos...»
	¡Jesús!
(Va a quemarle.)	
Águeda	Tente, ¿dónde vas?
Doña Juana	A quemarle.
Águeda	Tente agora.
Doña Juana	¿No oíste que me enamora
	con el hábito no más?
	que no quiero, te prevengo,
	porque mi paciencia apuran,
	a hidalgos de los que juran
	por el hábito que tengo.
Águeda	Pues a la llama le aplica.
Doña Juana	Basta que el alma te robo.
Águeda	Éste es de aquel mozo bobo

	que tiene la madre rica.
Doña Juana	Dámele, leerle quiero.
Águeda	Papel será entretenido.
Doña Juana	A él le hará bien entendido la fama de su dinero
(Lee.)	«Juana mía: No sé qué diablos te tienes en esa carilla, que me ha dado gana de hacerte que me quieras; bien sé yo que no te puedo igualar; ¿pero qué me faltaba a mí si fuera tan hermoso de como tú? Hermana mía, dejemos dingolondángolos, y vamos al caso: mi madre es muy rica, y está tan vieja, que se morirá dentro de un año, mes más o menos. Mi linaje, no hay que hablar en él, que mi padre pretendió ser Familiar mucho tiempo; verdad es que no salió con ello; suplícote que me envíes una cédula de casamiento muy apretada, en que te obligues a dormir conmigo endesposándonos, y a fe que no te ha de ir mal. Dios te guarde. Tu menor marido.»
Águeda	¡Extremado papel!
Doña Juana	Bravo.
Águeda	No pudiera ser mejor.
Doña Juana	Yo no le alabo el amor, la nota es la que le alabo; Águeda, te certifico que es bobo aqueste mozuelo de muy lindo terciopelo.

Águeda	Dices bien, que es fondo en rico.
Doña Juana	Oyes, Águeda, así viva, que la nota me ha agradado; que éste al menos no ha buscado ninguno que se le escriba. y yo tengo por más bueno, aunque te parezca impropio, un papel necio, si es propio, que no discreto, si es ajeno ¿Qué papel es el que ocultas?
Águeda	Guardo éste para después.
Doña Juana	Dámele agora. ¿Cuyo es?
Águeda	Del Contador de resultas.
Doña Juana	Que ha de haber cuenta no ignores, ver quiero y examinar el arte de enamorar que tienen los Contadores.
(Lee.)	«Señora mía: Sumad mis deseos, veréis cómo montan más que vuestras sinrazones; en todas las cinco reglas del amor no se puede ajustar la cuenta de lo que os quiero; que como os he visto partido por entero, mi corazón no puede multiplicar las esperanzas de que me deis cuenta con pago; pues ponedme en el número de los que os merecen un millón de recompensas por una docena de millar de ansias, que llegan a ser cuento de cuentos, para que ajustada la partida de lo que

os merezco, salga verdadera la prueba de lo que os
sirvo.»

Águeda	¡Gran papel!
Doña Juana	Guardarle quiero.
Águeda	¿Sabes tú contar? ¿Qué intentas?
Doña Juana	Hasta en la firma trae cuenta.
Águeda	¿Cómo dice?

Doña Juana

        Vuestro, Cero.
aquí, sí, viene ajustada
mi cuenta a su desvarío,
porque siendo cero mío
es lo mismo que mi nada.
Al fuego los lleva luego
y a mi opinión eterniza,
sea alguna vez ceniza
este amor que siempre es fuego.
Águeda, ¿no has visto aquí,
que uno suspira, otro muere?
Pues por sí solo me quiere,
que no me quiere por mí.
De evidencias que se ven
observa este ejemplo ahora,
pues me adora el que me adora
porque le parezco bien.
Y para que este error vea
la experiencia acreditada,
¿Fuera yo solicitada
si hubiera nacido fea?

No fuera; luego asegura
esta evidencia mejor
que no es por mí aquel amor,
que era amor por mi hermosura.
Que aman solamente siento
los que aman con más lealtad,
aquel por la vanidad
y éste de entretenimiento.
Esotro amante, por ver
si le premiasen pasea
y aquel solo galantea
porque no tiene que hacer.
Aquél, si ama con verdad,
porque lo ha empezado, dura;
aquél, por uso procura,
aquél, por comodidad.
Dos que a un mismo fin aspiran
y pretenden con un grado,
uno es porque le han mirado,
y otro es porque no le miran.
Aquél, porque yo le irrito
con mis desdenes se quema:
el uno quiere por tema,
y otro ama por apetito,
un lindo, por merecer;
por rendir, un confiado;
y el que aspira a ser casado
por mandar a su mujer.
Y, en fin, que ama el que más ama,
experimentando estás,
por sí propio mucho más
que no por su propia dama.

Águeda   Cuanto me dices es cierto.

(Salen Sabañón, don Antonio, y don Melchor entra quedo por detrás, haciendo espaldas Sabañón.)

Sabañón   Aquí está, no hagamos ruido,
               entrad, que gran dicha ha sido
               que ahora esté el cuarto abierto;
               atentamente pisad,
               ya os he referido al fin
               que os he traído al jardín.

Don Antonio   Sí, Sabañón.

Sabañón   Pues entrad,
               que ahora está divertida;
               cerca está el jardín de aquí,
               ¿No miráis las ramas?

Don Antonio   Sí.

(Éntranse los dos.)

Sabañón   Doila con la entretenida
               puesto que mi industria ignora.

Águeda   Tu entereza maravilla.

Sabañón   Quiero cecear a Aguedilla,
               y fingir que vengo ahora.
               ¿Ce, ce?

(Por detrás.)

Águeda   Sabañón me llama.

¡Hay tan extraña osadía!

Sabañón	Oyes, Águeda.
Águeda	Y porfía; mas que ha de verle mi ama.
Doña Juana	Ésta es mi resolución.
Sabañón	Pues otra seña la haré. ¿Ce, Aguedilla?
Águeda	Ella le ve.
Doña Juana	¿Quién está aquí?
Sabañón	Sabañón.
Doña Juana	¿Qué es lo que quieres ahora? habla, ¿de qué te has turbado?
Sabañón	Yo aquí... Si, soy un menguado.

(Turbado.)

Doña Juana	¿Qué dices?
Sabañón	Nada, Señora.
Doña Juana	Dime, ¿a qué has venido?
Sabañón	Yo vine... estaba... no quisiera...

Doña Juana	Águeda, vete allá fuera.

(Vase Águeda.)

Sabañón (Aparte.)	Si ella va al jardín, pegó.

Doña Juana	¿A qué has venido me di, acaba, ¿quiéresme hablar?

Sabañón	No te lo puedo contar, que harto te importaba a ti; quédate con Dios ahora, que he nacido leal criado.

(Hace que se va.)

Doña Juana	Villano, di, ¿a qué has entrado? ¿Qué intentas?

Sabañón	Nada, Señora.

Doña Juana	Sabré darte muerte.

Sabañón (Aparte.)	¿Hay tal? (Bueno va.)

Doña Juana	¡Cielos, qué escucho! ¿Qué es lo que me importa?

Sabañón	Mucho. Pero yo nací leal.

Doña Juana	Ahogarete.

Sabañón	Tente, espera;
	un desprecio viene a ser
	que no se pudiera hacer
	con ninguna verdulera.
Doña Juana	¿A mí desprecio?
Sabañón	El mayor.
Doña Juana	Dile.
Sabañón	No puedo.
Doña Juana	¿Qué es?
Sabañón	Señora, por san Andrés,
	que no me hagas ser traidor.
(Aparte.)	(Bien el engaño se amasa.)
(Aparte.)	¿Conoces (Mi industria crea)
	las hijas de doña Andrea,
	que viven junto a tu casa?
Doña Juana	Son muy hermosas las dos.
Sabañón	¿No son damas tan lucidas
	que merecen ser queridas?
Doña Juana	Sí.
Sabañón	Pues quédate con Dios.
Doña Juana	Si no me hablas al instante...
Sabañón	Hablaré más que un soldado;

96

	ya sabes que soy criado de un caballero estudiante.
Doña Juana	Don Antonio, cuyo amor se paga de mi desdén.
Sabañón	Pues también sirvo...
Doña Juana	Di, ¿a quién?
Sabañón	a su amigo don Melchor.
Doña Juana	Cielos, ¿qué es esto que pasa? Esta novedad me di. ¿Luego son amigos?
Sabañón	Sí, y viven en una casa.
Doña Juana	Dime, Sabañón, por Dios (¡Oh cuidados enemigos!) ¿Cómo si son tan amigos me tienen amor los dos? Pues siendo los dos tan uno no pueden tener engaño.
Sabañón	Pues, Señora, ahí está el daño, que no te quiere ninguno.
Doña Juana	Mientes.
Sabañón (Aparte.)	No tienes razón. (Industria mía, adelante.)

Doña Juana	Dime, tu amo el estudiante...
Sabañón (Aparte.)	(Ya le pica el sabañón.)
Doña Juana	Esto procuro saber.
Sabañón (Aparte.)	(Que cae en la trampa digo.)
Doña Juana	Di, ¿por qué fingen conmigo?
Sabañón	Es porque te han menester.
Doña Juana	Eso es lo que más me admira.
Sabañón	Destas dos damas me di, ¿No sabes los nombres?
Doña Juana	Sí; doña Bernarda y Elvira.
Sabañón (Aparte.)	(Ahora ha de llevar carda.) Sabe, que con fino amor el soldado, don Melchor, pretende a doña Bernarda; y atento, como constante, ama, padece y suspira por su hermana doña Elvira don Antonio, el estudiante.
Doña Juana	Iras, ¿qué es esto que escucho?
Sabañón (Aparte.)	(Ya va mudando el color.)
Doña Juana	¿Y ellas los tienen amor?

Sabañón   Sí, Señora mía, mucho.
la madre es un Faraón,
no las deja el Sol mirar;
mas llegando a imaginar,
que su amorosa pasión
ha de hallar felice fin,
y que tú ayudarlos puedes,
saltando por las paredes
de tu vecino jardín,
mis amos (¡oh perros!) quieren
solicitarte uno a uno.
Y no amándote ninguno
fingir los dos que te quieren.
Y todo lo que te pasa
es por si les da ocasión
la nueva continuación
al entrar tanto en tu casa,
a saltar, porque concluya,
con el ardid que se espera,
a esotra casa primera
por las tapias de la tuya.
como les haces favor.
Dicen, porque más lo acierten,
que engañándote divierten
la pasión de aquel amor.
Y porque te restituyas,
ahora, me dijo el soldado
que por él habías llorado
más que treinta Jeretuyas.
dicen estos insensatos,
porque a remediarle acudas,
que eres blanda como Judas
y fácil como Pilatos.

Y riéndose después
de tu embelesado arrobo,
dan carcajada de bobo
que no se acaba en un mes.
tú tienes muy grande afán
o has de tener gran trabajo
con un soldado marrajo
y un estudiante caimán.
Pues, dime, por vida mía,
si hablar la pasión te deja,
¿Con qué fea, con qué vieja
se hace esta superchería?
Vuelve por tu pundonor
a tu engaño y fingimiento,
¿tú has de ser el instrumento
para otro segundo amor?
Pues, dama, de hoy más te ten
en mayor reputación,
no los ame tu pasión,
castíguelos tu desdén;
no los quieras, en efeto.
No rían que te han vencido,
y que me pagues te pido
mi aviso con tu secreto;
en esto me has de pagar
este aviso con que vengo,
que la afición que te tengo
es quien me hace desbuchar;
y estímate, y solicita
ser más que esas dos mujeres
que por Jesucristo, que eres
demasiado de bonita.

| Doña Juana | O es que ha mentido tu labio, |

o no es cierta su traición,
o es que mi satisfacción
no ha sabido de mi agravio.
Infame, ¿qué dices?

Sabañón   Miento.

Doña Juana   Oh acabe mi vida, acabe.

Sabañón (Aparte.)   (Por Dios que ha obrado el jarabe;
pues ahora escurrirme intento.)

Doña Juana   Oyes, no te has de ir ahora.

Sabañón (Aparte.)   (Por Dios que en la trampa ha dado.)

Doña Juana   Todo esto que me has contado,
di si es cierto.

Sabañón   Sí, Señora.

Doña Juana   Y a Águeda, dime, ¿á qué fin
la llamaste?

Sabañón   Más empeños;
vinieron a ver mis dueños
si entraban en tu jardín;
porque han venido a intentar
si entrarse ahora podía
sin verte a ti, y yo quería
a Aguedilla preguntar
si con ella hablan hablado.

Doña Juana   Mientes.

Sabañón (Aparte.)   (Esto es importante.)

(Sale Águeda.)

Águeda   Señora, aquel estudiante
                       y el otro amante soldado,
                       los continuos de tu calle,
                       los que andan por ti perdidos,
                       en el jardín escondidos
                       los hallé, dicen que calle,
                       y que ponga una escalera
                       sin que te venga a avisar;
                       pienso que para saltar
                       a esotra casa primera;
                       pero en que yo te he avisado
                       conocerás mi lealtad.

Doña Juana   Vive el cielo, que es verdad
                       cuanto me dice el criado.
                       ¿Pues cómo ofendida así,
                       no me procuro vengar?

Sabañón (Aparte.)   (Esto está como ha de estar.)
                       ¿Ves como...

Doña Juana   Vete de aquí.
                       ¿Por dónde entraron?

Águeda   No sé.

Doña Juana   ¿No sabes?

Sabañón (Aparte.)   (Gran lamedor;

ya purga.)

Doña Juana   Vete, traidor.

Sabañón   Ya me voy.

Águeda   ¿Y yo me iré?

Doña Juana   ¿Qué aguardas?

Águeda   Airada estás.

(Vase.)

Sabañón   Que ha de haber mosca recelo.

(Vase.)

Doña Juana   Matarelos, vive el cielo.

(Sale doña Inés.)

Doña Inés   Doña Juana, ¿dónde vas?
                 ¿Qué nueva resolución
                 la que te ha indignado es?

Doña Juana (Aparte.) (¡Que viniese doña Inés
                 a estorbar mi indignación!)

Doña Inés   Di, ¡qué nuevos embarazos
                 tus ojos pueden turbar?

Doña Juana (Aparte.) (¡Que no pueda ahora entrar
                 a hacerlos dos mil pedazos!)

Doña Inés	No hagas amiga, por Dios, que de tu enojo me extrañe.
Doña Juana (Aparte.)	(¡No basta que uno me engañe, sino que me engañen dos!)
Doña Inés	¿Qué tienes, amiga? Ea, responde, ¿quién te enojó?
Doña Juana (Aparte.)	(¿Son más hermosas que yo las hijas de doña Andrea?)
Doña Inés	Que me respondas espero.
Doña Juana (Aparte.)	(¡Que burlen de mi pasión un estudiante gorrón y un soldado tornillero!)
Doña Inés	Tu sentimiento me allana.
Doña Juana (Aparte.)	(¿Pues ya qué me importa a mí que esté doña Inés aquí? Yo voy.)

(Al irse, sale don Bernardo, su hermano, y encuentra con ella.)

Don Bernardo	¿Dónde vas, hermana?
Doña Juana (Aparte.)	(Llévese el viento mis quejas; suban al cielo mis ansias.)
Don Bernardo	Doña Inés, ¿no te he pedido que en tu cuarto estés cerrada?

¿No te he dicho que hay un riesgo,
que una desdicha amenaza
a mi fama y a mi vida?
Pues ¿cómo, di, en esta sala
tu inobediencia deshace
lo que mis preceptos mandan?

Doña Juana (Aparte.)   (¡Oh si encontrara mi agravio
el camino a mi venganza!)

Doña Inés   Si la nave de mi honor
en los bajíos encalla
de tu desdén, y mi queja,
entre Eutipos de esperanzas,
¿como bastara un recato
a lo que un riesgo no basta?
Y si el recatarme ahora
dentro de mi propia cuadra
es porque lleve a un convento
prevenida la enseñanza,
no quiero la disciplina
tan a costa de mi fama.

Doña Juana (Aparte.)   (¡Que la que enseñó la herida
la haya recibido franca!)

Don Bernardo   Oblígame si eres cuerda.

Doña Inés   Si mi amor te desagrada
y mi cariño te ofende,
¿Qué obligaciones aguardas?
dame tú segunda vez
repetida la palabra
de que serás de mi honor

	tan dueño como del alma, y irá a obedecerte fina la que te parece ingrata.
Don Bernardo	Si he de casarme a disgusto, sale tu fineza cara.
Doña Inés	¿No ofreciste ser mi esposo? responde.
Don Bernardo	Entonces andaban las atenciones de amante para contigo muy falsas.
Doña Inés	Pues esta mano, que dio para tu crédito causa, pues que peligró en las dudas, en las evidencias arda; pues es ceniza de honor sea cadáver desta llama.

(Va a ponerlo en la luz, y don Bernardo la detiene, y mata la luz.)

Don Bernardo	Tenté.
Doña Inés	Déjame.
Don Bernardo	¿Qué intentas?
Doña Inés	Abrasarme. ¿La luz matas? No importa, que en tu desdén podré mejor abrasarla.
Don Bernardo	¡Hola! una luz.

Doña Juana (Aparte.)   (Ahora es tiempo
para intentar...)

Doña Inés   No hay quien traiga
una luz?

Doña Juana (Aparte.)   (Que del jardín
los dos a la calle salgan;
a mi cuarto voy por una;
el cielo mi intento ampara.)

(Vase.)

(Salen tropezando don Melchor y don Antonio.)

Don Melchor   O mintieron mis deseos...

Don Antonio   O mis oídos me engañan,
o don Bernardo ha pedido
luces, y antes que las traigan
buscaremos la salida
por donde hallamos la entrada.

Don Antonio   Habla paso y pisa quedo.

Don Fernando   Dime, doña Inés, ¿no bastan
las pensiones de sufrida,
sin pretender las de amada?
De tu honor he sido dueño,
yo te robé de tu casa;
mas no te iguala mi amor,
ya que tu sangre me iguala.

Doña Inés	Pues daré quejas al cielo.
Don Antonio	Ésta, cielos, ¿no es mi hermana? ¿Y don Bernardo no dice que la ofendió? ¿Pues qué aguarda dentro de mi sentimiento mal corregida mi espada?
Don Melchor	¿La hermana de don Antonio no es ésta?
Don Bernardo	Di, ¿por tu causa, a don Diego de Salcedo, no di muerte en la campaña, que es padre de un don Melchor, que en Flandes honra su patria?
Don Melchor	Viven los cielos, que es éste quien de aquella sangre helada de un padre le dio a ese prado rubias corrientes de grana.
Don Bernardo	¿Por qué dijo que eras hija de un amigo?
Don Melchor	¿Cómo tardan los aceros de mi agravio?
Don Antonio	Iras, ¿en qué se embaraza mi valor?
Don Bernardo	No traen la luz?

(Sale doña Juana con luz.)

Doña Juana	Vive el cielo, que no estaban en el jardín. Mas ¿qué miro? helada me animo estatua.
Don Melchor (Aparte.)	(Desengañose la duda.)
Don Antonio (Aparte.)	(Ésta es mi infelice hermana.)
Don Melchor (Aparte.)	(Éste es quien mató a mi padre.)
Don Bernardo	¿Dos hombres dentro en mi casa?
Doña Inés	Éste, cielos, ¿no es mi hermano?
Doña Juana	¡Que se entrasen a esta sala!

(Sacan las espadas.)

Don Antonio	Muera.
Don Melchor	Muera.
Don Bernardo	Morirán.
Don Antonio	Tened, don Melchor, la espada, que aunque es precisa la vuestra, es primero mi venganza.
Don Melchor	Déjame, amigo, vengar.

Don Antonio	Deja que logre mi suerte.
Don Melchor	Yo le tengo de dar muerte.
Don Antonio	Yo le tengo de matar.
Don Bernardo	Yo en los dos, osado y sabio, he de tomar recompensa.
Don Melchor	La que yo vengo es ofensa.
Don Antonio	Y el que yo vengo es agravio.
Don Melchor	Dejarme vengar te cuadre, pues soy tan tu amigo yo; éste es el que confesó que dio la muerte a mi padre.
Don Antonio	Pues hoy mi venganza gana satisfacciones de honrado, que también ha confesado que dio la muerte a mi hermana.
Don Bernardo	Pues airada mi osadía, cómo ha de vengarse ignora, pues hallo a los dos ahora en el cuarto de la mía.
Doña Juana	Yo lo atajo.
Doña Inés	Yo abro aquí.

(Lleguen los dos a dos ventanas que ha de haber en dos partes diferentes, y ábranlas, asomándose a ellas.)

>
> Llamaré porque se impida
> la venganza, desta suerte.

Doña Juana ¿No hay quien excuse una muerte?

Doña Inés ¿No hay quien socorra una vida?

(Riñen.)

Don Melchor Cierra esa ventana ahora.

Don Bernardo Cierra, infame, esa ventana.

Don Antonio Yo te mataré, tirana.

Don Bernardo Yo te mataré, traidora.

Don Antonio Matarete.

Don Melchor Tente.

Don Antonio Advierte...

Don Bernardo Dareos la muerte, cruel.

Don Antonio Que no has de reñir con él.

Don Melchor Ni tú le has de dar la muerte.

Don Antonio ¿Ves que eres mi amigo?

Don Melchor Sí.

Don Antonio	¿Ves que de mí te aseguras? Pues si matarle procuras te he de dar la muerte a ti.
Don Melchor	¿Siendo mi amigo?
Don Antonio	Es verdad; pero dice mi deshonra que si hay amistad con honra, sin honra no hay amistad.
Don Melchor	Muera yo, y muera vengado.
Don Antonio	A tu acero he de morir.
Don Bernardo	Conmigo habéis de reñir.
(Llaman.)	
Doña Juana	En esta puerta han llamado.
Don Bernardo	¿Quién da golpes?
Sabañón (Dentro.)	Caballeros, lo que a llamar me movió es, que la justicia oyó las voces y los aceros y no saldrá muy de balde si el riesgo no se previene, pues por esa calle viene
Don Bernardo	¿Quién dices?
Sabañón (Dentro.)	Todo un alcalde.

Don Antonio	Yo me he de satisfacer.
Don Melchor	Yo mi ofensa he de vengar.
Don Bernardo	Esto se ha de remediar.
Don Antonio	Decid, ¿cómo puede ser?
Don Bernardo	Que nos impidan recelo la venganza.
Don Antonio	Es infalible.
Don Melchor	Si nos prenden no es posible que ajustemos este duelo.
Don Bernardo	Solo este remedio halle este empeño.
Los dos	Dile...
Don Bernardo	Digo, que el jardín tiene un postigo; vamos por él a la calle. Aqueste el remedio es corregid vuestras espadas, que yo dejaré cerradas a doña Juana y a Inés.
Don Antonio	Pues en la calle los dos hemos de ajustar el duelo.
Doña Juana	Ampare mi vida el cielo.

Sabañón (Dentro.)	Acabad, cuerpo de Dios.
Doña Juana	Doña Inés, vente conmigo.
Don Melchor	Tomar la venganza espero.
Don Antonio	¡Quién la matara primero!
Don Bernardo	¿No me sigues?
Don Antonio	Ya te sigo.
Doña Inés	¡En grande peligro estoy!
Don Bernardo	¡Oh vil hermana!
Don Antonio	¡Ah tirana!
Don Melchor	¡Quién librará a doña Juana!
Don Bernardo	¿Venís, don Melchor?
Don Melchor	Ya voy.
Don Bernardo	Yo satisfaré este duelo.
Doña Juana	Yo una vida he de librar.
Don Melchor	¡Déjeme el cielo vengar!
Don Antonio	¡Déjeme vengar el cielo!

Fin de la segunda jornada

Jornada tercera

(Salen doña Juana, doña Inés y Águeda, con manto, y Sabañón delante.)

Doña Juana	¿Dónde vamos, Sabañón?
Sabañón	Callad y venid conmigo.
Doña Inés	No por librarnos de un riesgo nos procures un peligro.
Sabañón	¿Pues dónde queréis que vamos a estas horas?
Doña Juana	¿No te he dicho que de los Ángeles vamos al convento, cuyo asilo procuro ampare dos vidas?
Águeda	Tres, con la mía.
Sabañón	No he oído. ¡Cuánto ha que oigo hablar de veras tan notable desatino! Acaban de dar las dos del reloj de los Basilios. Está hecho un Góngora el cielo. Más oscuro que su libro, ¿y quieres tú que a estas horas con noche oscura y con frío, haya portera en el mundo que quiera tan mal su abrigo que te salga a abrir la puerta, aunque tú la abras a gritos?

Doña Juana	¿Pues qué hemos de hacer ahora?
Sabañón	En tanto que el Sol Narciso sale a aliñar la guedeja del mar al espejo limpio, podéis estar retiradas dentro desta casa.
Águeda	Digo...
Sabañón	¿Qué dices?
Águeda	¿A qué Noruega es la que nos ha traído? ¿Qué casa es ésta?
Sabañón	Este cuarto es de un grande amigo mío, que está en Toledo.
Doña Juana	¿Y está vacío?
Sabañón	No está vacío; pero dejome las llaves, para que siendo preciso, compre con aqueste cuarto lo que yo fuere servido.
Doña Inés	¡Gran dicha fue que la llave maestra hiciese al postigo de nuestra casa!

Doña Juana	¡Gran dicha!

Sabañón

Y mayor fortuna ha sido,
que al salir las tres de casa,
yo os viese. ¿Mas qué delito,
para que salgáis huyendo,
habéis las dos cometido?

Doña Juana

¿Es poco que halle mi hermano
¡con qué pena lo repito!
Dentro de mi propio cuarto
a dos hombres escondidos?

Doña Inés

¿Y es poco que el mío halle
todo un honor ofendido,
teniendo su acero y sangre,
ella pasiones y él filos?

Doña Juana

Mi hermano me amenazó
con la muerte.

Doña Inés

Y a mí el mío.

Sabañón
(Aparte.)

Pues, señoras, aquí estáis.
(¡Lindamente ha sucedido!)
Acomodadas

Doña Juana

¿Hay gente
en esta casa?

Sabañón

Un vecino,
que contará a todo el barrio
lo que ha visto y que no ha visto.

Doña Juana	¿Y en el cuarto?
Sabañón	No hallaréis, esto es lo que os certifico, ni perro que os diga guau, ni gato que os diga mío.
Doña Inés	¿Oíste el ruido de espadas al instante que salimos de casa?
Doña Juana	Que oí la voz de don Bernardo te afirmo; pero como es la noche tan cerrada, no pudimos ni ser vistas de los tres, ni ellos de nosotros vistos.
Doña Inés	Muerta estoy.
Sabañón	Bien podéis ya sosegaros; lindo arbitrio he dado, mientras el Sol, que diz que viene hecho un indio, os dé lugar a que vais a un convento por retiro; las dos son, de aquí a tres horas sabremos cuántos son cinco, que yo, con vuestra licencia, voy a ver qué ha sucedido de mis amos; luego vuelvo a daros de todo aviso.
Doña Inés	Espérate, Sabañón.

¿A escuras y en este sitio,
siendo las dos de la noche,
nos dejas?

Sabañón   Bien habéis dicho;
aquí ha de haber una vela
sobre este bufete.

(Tiente en el bufete, y hállela.)

Águeda   Lindo
¿Y dónde la he de encender?

Doña Inés   Mira si hay algún vecino
que tenga luz.

Sabañón   No le hay.

Águeda   Si hay herrero, ese es preciso
que tenga lumbre en la fragua.

Sabañón   Y dime, ¿si está dormido,
cómo quieres que responda
a voces y a golpes míos
un hombre que no despierta
a los golpes del martillo?

Doña Juana   Acaba.

Sabañón   Espera, Señora,
que mejor será este arbitrio;
en esta alacena hay
una caja, en que hoy he visto
yesca, eslabón y pajuelas;

(Tienta el suelo, y tápala.)

Hallela, Aguedilla, digo,
¿Sabes encender? que a mí
nunca encenderme has sabido.

Águeda   Si sé.

Sabañón   Tómala, y, ahora
voy a ver qué ha sucedido
de mis amos.

Doña Juana   ¿Vendrás presto?

(Pónese a encender Águeda la yesca.)

Sabañón   Puntual a tu servicio
vendré en sabiendo el suceso.
Cierro por de fuera, y quito
la llave; yo volveré
antes que haya amanecido.

(Vase.)

Doña Inés   Ea, enciende.

Águeda   Ya encendió.
la pajuela y el pabilo

(Encienden.)   pegaron, porque ella es hembra
y él es macho muy castizo.
Buenas noches nos dé Dios.

(Enciende.)   Ahora veamos el castillo
encantado donde estamos.

Doña Juana	Veámosle.
Águeda	¡Cielos, qué miro! Señora...
Doña Inés	Águeda, ¿qué dices?
Águeda	Que hay gran mal.
Doña Juana	Acaba, dilo.
Águeda	Yo conozco aqueste cuarto.
Doña Inés	Di cuyo es.
Águeda	¡Buena la hicimos! de don Antonio, tu hermano, y de don Melchor, tu fino.
Doña Juana	¿Qué dices, Águeda, burlas?
Águeda	Está tu vida en un hilo, y la tuya en una seda. ¿Yo me he de burlar contigo?
Doña Inés	Míralo bien.
Águeda	Ya lo veo.
Doña Juana	Acaba, Águeda.
Águeda	Te digo que es el cuarto de los dos.

el catre de granadillo
que está allí con dos colchones
como reales sencillos,
es del soldado Melchor;
la del pabellón pajizo,
del estudiante Olofernes.
aquella cama de pino
es de Sabañón, por señas
que tiene un colchón hundido.
aquellos dos escritorios,
aquella alcarraza, un vidrio,
estas sillas de nogal,
dos broqueles, cuatro libros,
seis platos, los dos quebrados,
y los otro cuatro hendidos;
aquella cocina, en que hay
en asador, un librillo,
un candil de garabato,
un alnafe y un rastrillo,
y una espetera, en que está
un cuartillo de cabrito:
hoy he venido dos veces
y entrambas veces lo he visto.

Doña Inés	¿Luego esta es su casa?
Águeda	Sí.
Doña Juana	¡Hay tal pena!
Doña Inés	¡Hay tal peligro!
Doña Juana	¡Que viniese donde viven mis mayores enemigos?

122

Doña Inés	¡Que a la casa de mi hermano mi fortuna me ha traído!
Doña Juana	¡Cielos, que fiase yo de un hombre bajo y indigno!
Doña Inés	Que a un mal nacido criado mis riesgos hayan creído!
Doña Juana	¿Cómo sabiendo la casa no conociste el camino?
Doña Inés	¿Cómo siendo la curial desta casa, como has dicho, no conociste la casa?
Águeda	Si veis que nos ha traído por cien calles diferentes, y si la noche ha salido tan oscura, que no habrá quien la comente en un siglo, con haber comentadores en Madrid más que vecinos, ¿Cómo quieres que le viese?
Doña Juana	¡Qué he de hacer, cielos divinos!
Águeda	Oyes, prueba aquella llave con que abrimos el postigo de casa.
Doña Inés	No dices mal.

Águeda	Llave es que a dos mil pestillos
	abre por medio o al ruego
	o a la fuerza, yo prosigo.

Doña Inés	¿No entra?

Águeda	Entre, no sea corta,
	empújala bien.

(Mete la llave y no puede.)

Doña Juana	No quiso.

Doña Inés	Hay más linajes de penas?

Doña Juana	¿Hay más suertes de martirios?

Doña Inés	¿Qué hemos de hacer?

Águeda	Dormir todas,
	que hay desde aquí a las cinco
	dos horas, o si lloráis,
	solo que lloréis os pido
	acomodadas; sentaos,

(Siéntase.)

Doña Juana	¡Qué de sospechas le intimo
	a mi agravio y a mi queja!
	áspides son los que abrigo
	en mi pecho.

Doña Inés	¿Si vendrá
	Sabañón?

Doña Juana	Acaba, dilo.
Águeda	Mójate muy bien los pies cuando hiciere mucho frío.
Doña Inés	¡Que estés ahora de humor!
Águeda	¿Dormiremos un poquito?
Doña Inés	¿Quién quieres tú que sosiegue, de los cuidados al ruido?
Águeda	¿Pues duerme un hombre casado al llanto de seis chiquillos, y hácete ruido un amor siendo amor un solo niño?
Doña Juana	Sabañón vendrá muy presto.
Águeda	Y en habiendo amanecido; pues no queréis sosegar las dos, yo me determino a coser un poco de obra.
Doña Juana	¿Qué es? ¿hay tan gran desatino?
Águeda	Es pegar esta pestaña junto a este ojal.
Doña Juana	Ya te digo que duermas lo que quisieres. ¿Lloras, Inés? no es alivio del amor sangrar los ojos,

que es el llanto cristalino
la sangre del corazón,
y si esta sangre es preciso
que sea la mejor sangre
al mal que ahora has sentido
le añades un accidente
por hacerte un beneficio.

Doña Inés
¡Oh, salgan ya de mis ojos
desangradas hilo a hilo
lágrimas que, siendo fuego,
se resuelvan en granizo!
Pues faltando al corazón
de sangre aquellos auxilios,
y al llanto faltando a un tiempo
el corriente fugitivo,
queden a un tiempo los dos,
él sin alas tan remiso,
sin pies éste tan suspenso,
sin vuelo aquél tan rendido,
que mueran para escarmiento
si nacieron para alivio.

Doña Juana
¿Qué, no te he de consolar?

Doña Inés
Más del consuelo me aflijo.

Doña Juana
Advierte...

Doña Inés
Es rudo mi mal.

Doña Juana
Escucha.

Doña Inés
No tengo oídos.

126

Doña Juana	Mas yo ¿por qué doy consuelos,
	si en mi dolor peregrino,
	yo soy aquella que más
	del consuelo necesito?
	Salgan, salgan abortados
	los agravios que reprimo,
	o por la lengua en pasiones,
	o por el labio en suspiros.
	sola estoy; no quiero ahora
	entrar en quejas conmigo,
	y ajustar mi sentimiento
	del corazón al registro.
	¿Yo no soy la que constante,
	o por estrella o destino,
	muda estuve a los halagos
	como sorda a los cariños?
	Pues decid, cielos hermosos,
	nunca para mi propicios
	dos hombres, ¿cómo han burlado
	mis caprichosos designios?
	Mas, ¿qué ofensa a mi constancia,
	a mi desdén, qué delito,
	si yo les miento memorias
	que me engañen con olvido?
	No importa, aborrézcanme,
	pues tan roca me averiguo,
	que ni a las quejas me ablando
	ni a las caricias me rindo.
	Pero esta injuria en el alma
	a mi hermosura se hizo,
	y si no de las ofensas,
	de los desaires me pico.
	¡Que haya quien mienta finezas

a mis ojos, que han rendido
con la vista tantas almas,
amorosos basiliscos!
¿A mis ojos (¡pese a ellos!)
donde se miraron indios,
idólatras de sus rayos,
tantos amantes Narcisos?
No puede ser, vive amor,
no habrá preñado apetito
de mi amor, que de otro amor
se procure antojadizo.

Doña Inés   ¡Yo, cielos, más abrasada
cuando mi amante más tibio!

Doña Juana   Hablando consigo Inés,
parece que habla conmigo
sí, porque averiguo ingratos
los que he procurado finos.
Mi desdén se ha vuelto amor,
facilidad mi retiro,
¿si es amor éste que tengo
en el alma introducido
y a mí me parece enojo?
¿Si el ardor con que suspiro
es amor? Y como yo
nunca de amor he sabido,
juzgo por gigante en iras
el que es en lágrimas niño.

Doña Inés   ¡Que sea amor un veneno
que se entre por los oídos!

Doña Juana   Amor, vive el cielo, tengo;

bien has dicho, bien has dicho;
conmigo ha hablado tu voz,
supuesto que me ha rendido
más un desprecio escuchado
que muchos afectos vistos;
pero yo no tengo amor,
pues cuando amase, colijo
que ha de ser uno el objeto,
y son dos mis enemigos;
a dos no puedo querer,
pues si al uno solo admito,
siendo uno el amado, son
dos los que me han ofendido;
pues si al otro quiero amar,
se pasma tan indeciso,
tan perplejo se suspende
entre los dos mi albedrío,
que ni a don Melchor desdeño
ni a don Antonio acaricio.

Doña Inés   ¡Que ame yo tanto en los fines
siendo esquiva en los principios!

Doña Juana   Ese es mi mal, y tu voz
el corazón me ha partido,
que son filos sus acentos
y sus palabras cuchillo;
ayer triunfó mi constancia
y hoy el amor me ha rendido,
pero si yo tengo amor,
¿a cuál de los dos elijo
por mi dueño? Don Melchor
es galán, es entendido.
Don Antonio lo es también

uno es valiente, otro activo;
la sangre los hizo iguales,
la confrontación amigos,
si al que me aborrezca más
de tema y de amor admito,
igualmente me aborrecen
si celosa determino
querer al que me da celos,
celos de los dos recibo;
pues si celos tengo, ¿ahora
tengo amo? Pues, cielo impío,
¿a cuál de los dos adoro,
y a cuál de los dos olvido?
¿Dónde hallaré desengaños
para engañados motivos
que dejan sin uso al alma
y a sus afectos baldíos?
Sol que vas por el Oriente
con ese afán repelido
para anochecer rubí,
amaneciendo jacinto
campo galán desta selva
que te vistes sin arbitrio,
por el Septiembre de raso,
y por el Abril de rizo;
lágrimas que de mis ojos
sois fuego, y fuisteis granizo,
Pues si las helé de esquiva,
de amorosa las derrito;
quejas nunca pronunciadas,
suspiros que habéis salido
por el hilo del deseo,
del alma su laberinto;
memorias mal acordadas

en los pensamientos míos,
cuidados que del amor
sois mentales sacrificios,
que me llamáis al encanto
mentirosos cocodrilos;
decid, Sol, campaña, monte,
lágrimas, quejas, suspiros,
memorias, cuidados, voz,
deseos de amor, indicios,
¿a cuál de los dos adoro,
y a cuál de los dos olvido?
¡Oh, acabe ya de mi dolor, acabe!

Doña Inés   A esta puerta probaron una llave,
                   si el oído a la vista no me engaña.

Doña Juana   Levanta.

Águeda   Descosiose la pestaña.

Doña Inés   Sabañón es sin duda.

Doña Juana   Halló consuelo el mal.

Doña Inés   Verdad la duda.

Doña Juana   Logrose mi deseo.

(Sale don Melchor, abriendo con una llave.)

Doña Inés   ¿Sabañón?

Águeda   ¿Sabañón?

Doña Juana	¡Qué es lo que veo!
Don Melchor	¡Cielos, qué es lo que miro!
Doña Juana	La voz se me quedó toda suspiro.
	¡Don Melchor, vive el cielo soberano!
Doña Inés	¿Éste no es el amigo de mi hermano?

(Échanse los mantos.)

Don Melchor	¿En mi casa tres damas embozadas,
	después que no han podido tres espadas
	tomar satisfacción de su venganza?
Doña Inés	¡Que se trocase en riesgo la esperanza!
Doña Juana	Si, como parecéis, sois caballero,
	que socorráis una mujer espero.
Doña Inés	Si tan atento sois como soldado,
	socorred un honor tan desdichado,
	que os pide...
Doña Juana	Que os suplica en este empeño...
Don Melchor (Aparte.)	(Lo que miro parece que lo sueño.)
Doña Juana	Que nos dejéis salir de vuestra casa.
Don Melchor (Aparte.)	(Fantasía parece lo que pasa.)

132

Doña Juana	Dadnos el paso libre a la salida.
Doña Inés	Porque importa un honor.
Doña Juana	Vale una vida.
Don Melchor (Aparte.)	(Pero ya yo he presumido, que don Antonio las habrá traído, como tiene la llave desta puerta.)
Doña Inés	Si la voz de mi queja no os despierta...
Don Melchor (Aparte.)	(Otra sospecho en mi discurso cabe; que también, Sabañón, tiene otra llave, y puede suceder que él haya sido quien las haya cerrado y escondido.)
Doña Inés	A este socorro, esa piedad acuda.
Don Melchor (Aparte.)	(Mas deste modo salgo de una duda.) ¿Quién, bella aurora, en nubes escondida os trajo aquí?
Doña Inés	Los riesgos de una vida.
Don Melchor	¿Quién, bello Sol, que aquella aurora llama Os trajo aquí?
Doña Juana	La duda de una fama.
Don Melchor	¿Por dónde habéis entrado?

Doña Inés	Pues de noble os preciáis y de soldado,
	haced como soldado y caballero;
	satisfaceros a otro tiempo espero,
	y no quiera saber más vuestra duda
	que dos mujeres piden vuestra ayuda.
Don Melchor	Pues decidme quién sois, hermosa dama
Doña Juana	Si os he dicho que hay dudas en mi fama
	si mi pasión advierte
	que me expongo a los riesgos de una muerte,
	¿Cómo queréis que licencioso el labio
	pronuncie el nombre, si contó el agravio?
Don Melchor	¿Pues a quereros ir de aquesta suerte
	qué os mueve?
Doña Juana	A mí, la fama.
Doña Inés	A mí, la muerte.
Don Melchor	Aquí, ¿cómo ha de hallaros la deshonra?
Doña Juana	Aquí manchó las luces de mi honra.
Don Melchor	¿Aquí vuestra pasión mal corregida?
Doña Inés	Aquí aguardo los riesgos de mi vida.
Don Melchor	¿Pues qué os sucede a vos? ¿y a vos qué os pasa?
	¿Dónde está el riesgo más?
Las dos	En vuestra casa.

134

Don Melchor	Acompañaros mi valor intente; vamos.
Doña Juana	Ese es mayor inconveniente.
Don Melchor	¿Y hallara vuestro honor fácil sosiego con iros?
Las dos	Sí hallará.
Don Melchor	Pues idos luego, y venza vuestro ruego a mi cuidado.
Doña Inés	Eres cortés.
Doña Juana	Bastaba ser soldado muriendo voy, Inés.
Doña Inés	Y yo voy muerta.

(Sale Sabañón.)

Sabañón	Por Dios que me dejé la puerta abierta, pero no, don Melchor es el que ha entrado ¡oh Señor!
Don Melchor	¿Sabañón?
Sabañón	¿Cómo has librado del lance de tu fama y de tu vida? ¿Mataste a don Bernardo?
Don Melchor	A la salida

del cuarto de su casa, airado y fiero,
aún no estrené las iras del acero,
desnudo y a su filo penetrante,
cuando un alcalde llega al mismo instante,
y porque si nos prende era forzoso
no vengar un honor escrupuloso,
porque el remedio una venganza halle,
cada cual retirado por su calle,
como la noche oscura
nos dio ocasión segura
de librarnos, no siendo conocidos,
por tres calles distintas dividimos;
y como la ocasión aun no he contado,
el Sol ya declarado,
de dos honras, dos vidas y dos famas,
vuélvome a casa, y hallo estas tres damas
que sin saber el qué las ha escondido.
me han obligado.

Doña Juana   Y lo que ahora os pido
es, que me permitáis que este criado
nos acompañe.

Doña Inés   Di, ¿qué has intentado?

Doña Juana (Aparte.) (Si aquí le dejo, Inés, pienso que al irme
le ha de decir quien soy, y ha de seguirme.)

Don Melchor   Vaya con vos.

Doña Juana   Sois noble.

Doña Inés   Sois prudente.

Sabañón	No la dejéis salir, que es doña...
	Tente.
Doña Juana	No le digas quien soy.
Sabañón	Es doña...
Doña Juana	Espero

(Saque la daga a Sabañón.)

darte la muerte con tu propio acero
si no callas.

Sabañón	Advierte...
Doña Juana	Cara sale una voz por una muerte;
	ven conmigo.

Sabañón	Perdóname, Señora,
	que al estudio es gratísima la aurora.
(Saca un libro.)	cuando sale con luces soberanas,
	y estudio siempre yo por las mañanas.

Águeda	¡Hay tal bestia!
Doña Juana	¡Hay tal ira!
Doña Inés	¡Hay tal enojo!

Don Melchor	Echar quiero a la puerta este cerrojo.
(Echa el cerrojo.)	Pues Sabañon agora me ha avisado
	que no las deje ir.

Doña Juana	Ya te he rogado que vengas.
Águeda	¡Que este ruego no te cuadre!
Sabañón	No perderé mi estudio por mi padre.
Águeda	¿Y cuánto has de estudiar?
Sabañón	¿Pues eso ignoras? cada mañana estudio nueve horas.
Don Melchor	Ya se entró en mi desvelo mi sospecha; dejad ya mi atención más satisfecha, que no saldréis de aquí (no, vive el cielo), sin que saquéis de duda a mi recelo
Doña Juana	Recataros quien soy es importante.
Sabañón (Aparte.)	(Don Melchor pienso yo que fue estudiante antes que a Flandes fuese a ser soldado; y pues finjo que estudio, es acertado decirle que es su dama y es su prenda en buen latín, porque ella no me entienda, hago como que estudio; voy al caso.)
Doña Juana	No descortés nos impidáis el paso.
Don Melchor	Yo sé estar muy atento con las damas.
Sabañón	Domine mi, ista est illa quam tu amas.
Doña Juana (Aparte.)	(Cosa que este criado mal nacido diga en latín quien soy.)

Sabañón	No me ha entendido.
Don Melchor	Conocerla procuro, mas no puedo.
Doña Juana	Oye.
Sabañón	¿Qué dice usted?
Doña Juana	Estudie quedo.
Sabañón	Cuéstame, reina mía, si hablo bajo el tomar de memoria gran trabajo,
	y el estudiar tan recio es muy forzoso.
(Aparte.)	(Ahora va otro latín más pegajoso.)
Doña Juana	¿La obligación de tu palabra ignoras?
Sabañón	Ista est faemina illa, quam tu adoras.
Doña Juana	¿Hay tal tema?
Sabañón (Aparte.)	(Famoso es el capricho.)
Doña Juana	Estudie para sí, ya se lo he dicho.
Sabañón	En que no estudie yo, ¿diga qué gana?
Don Melchor (Aparte.)	(Vive el cielo que es esta doña Juana pues en latín me avisa aquel criado que es el dueño del alma idolatrado. ¿Mas doña Juana aquí? ¿Cómo ha venido? Ya yo sé bien quién sois.)

Sabañón (Aparte.)	(Ya me ha entendido.)

Don Melchor	Descubrid vuestro cielo, ea señora,
	no se emboce con nubes el aurora,
	prestad mejores rayos a los cielos.

Sabañón (Aparte.)	(Ahora bien, quiero hacer que la dé celos,
	y que finja (mi ardid decir desea),
	que es la hija mayor de doña Andrea.)
	Domine.

Doña Juana	Ya le digo que es un necio,

Sabañón	Seis renglones no más me quedan recio
(Aparte.)	(Arda de celos, la berganta, arda.)
	finge, et vocabis eam, mi Bernarda,
	et statim celabit, hoc spero.

Don Melchor	
(Aparte.)	(Bien dice, por Bernarda hablarla quiero.)

Doña Juana (Aparte.)	(A Bernarda ha nombrado aquel criado
	y las que en latín le dice algún recado
	de su dama, que bien tuvo recelos.)
	¡Alcahuete en latín! viven los cielos
	que te he de dar la muerte.

Sabañón	Detente, aguarda.

Doña Inés	Mira.

Águeda	Espera.

Don Melchor	Advierte.
Doña Juana	Y en ti me he de vengar del mismo modo
Sabañón	Eia, domine, eia modo modo.
Doña Juana	¿Más latines, infame? espera, aguarda.
Don Melchor	Tened, mi Sol, mi luz, doña Bernarda si es que de doña Juana tienes celos mátenme aquí tus ojos y mis celos si no te adoro paga satisfecha.
Doña Juana	Esto solo faltaba a mi sospecha.
Don Melchor	Deseos de mi amor tan bien nacidos...
Doña Juana	¿Que estas pasiones sufran mis oídos? ¿En fin, me quieres?
Don Melchor	Soy de tus despojos.
Doña Juana	¿Y a doña Juana?
Don Melchor	Mátenla tus ojos.
Doña Juana	¿Y, en fin, eres constante?
Don Melchor	Lograré duraciones del diamante. Doña Juana, Señora, es sombra de tu luz.
Doña Juana	Y yo...

Don Melchor	Mi aurora.
Doña Juana	¿Pues no la amabas?
Don Melchor	Fue mi amor fingido.
Doña Juana	Pues villano, cruel, falso, atrevido.

(Descúbrese doña Juana.)

Águeda	Mira, Señora.

Doña Juana

                Ya estoy despechada
¿Tengo hermosura yo para burlada?
Con amantes desmayos,
¿quién me ve que no muera de mis rayos?
¿No es el que menos me ama
errada mariposa de mi llama?
Mas tu propio desprecio me asegura
que no está tu despego en mi hermosura
que aunque a otra quieras tú, si más dichosa,
tu elección no me hará menos hermosa.
Ya te cobraba amor ¡viven los cielos!
pero tanto me entibian esos celos,
tanto, de ver que adoras otra dama,
que es ceniza no más lo que fue llama,
Vamos, Águeda.

Águeda	Vamos, mi Señora.
Don Melchor	Oye.
Doña Juana	No quiero oír.

142

Sabañón	Escucha ahora.
Doña Juana	Ven, Inés.
Doña Inés	No me nombres.
Águeda	De ira rabio.
Doña Juana	Resbalose la lengua por el labio.
Don Melchor	¿Luego tú eres Inés?
Doña Inés	La desdichada.
Don Melchor	¿Cómo viendo tu vida amenazada estás aquí?
Doña Inés	Oh, venga ya el castigo
Doña Juana	¿No vienes, Aguedilla?
Águeda	Ya te sigo.
Doña Inés	¡Cielos, qué más corrida!
Doña Juana	¡Qué más muerta!
Don Melchor	Hasta que me oigas, no he de abrir la puerta.
Doña Juana	¿Cómo satisfarás a mi decoro?
Don Melchor	Como me mates tú, si no te adoro.
Doña Juana	¡Oh traidor engañoso!

143

Don Melchor	Todo ha sido...
Sabañón	Si, voto a Dios, que todo fue fingido.
Don Melchor	¿No te lo dicen las pasiones mías?
Sabañón	Yo dije que eras tú, ¿por qué lo ignoras? Ista est faemina illa quam tu adoras.
Doña Juana	Mientes, déjame.
Don Melchor	Aguarda.
Sabañón	Finge, et vocabis eam, mi Bernarda, Et statim cetabit hoc spero, es, que finja, por Cristo verdadero.
Doña Juana	¿Doña Bernarda, Sabañon, no es fría, tiene más alma en todo que la mía?
Sabañón	No, señora; ni aun nada; Doña Bernarda es una desalmada.
Doña Juana	Pues desto estoy corrida.
Don Melchor	Tú no me quieras si la vi en mi vida.
Doña Juana	Pues di, cuando eso fuera, el subir al jardín por la escalera, ¿no fue cierto?
Don Melchor	No fue, viven los cielos.

Sabañón	Yo lo fingí por solo darte celos,
	y yo los escondí dentro en tu casa.
Doña Juana	¿Es verdad, Sabañón?
Sabañón	Es lo que pasa.
Doña Juana	¿Y me quieres?
Don Melchor	¿No ves el desengaño?
Doña Juana	¿Y a Bernarda no quieres?
Don Melchor	Es engaño.
Doña Juana	¿Y, en fin, es cierto?
Don Melchor	Por tus luces muero.
Doña Juana	Pues ahora que me quieres no te quiero;
	muere a mis rayos, pues su luz te quema,
	que este amor no fue amor, que ha sido tema.
Don Melchor	¿Pues cómo me castigas mis desvelos?
Doña Juana	No tengo amor, que ya no tengo celos.
Sabañón (Aparte.)	(Dale, pues todavía hay en la barda
	otro poco Sol de la Bernarda.)
Doña Juana	Pues ¿qué me quiere mal?
Sabañón	Tan mal infiero,
	como quiere un señor a su heredero.

Doña Juana	Cuando llevo seguro el desengaño,
	ya llega tarde tu segundo engaño;
	yo abro la puerta, aún no me ha satisfecho.

(Sale don Antonio, y ve a su hermana al abrir.)

Don Melchor	¿Don Antonio?
Doña Inés	Mi hermano.
Sabañón	Aquesto es hecho.
Don Antonio	Mi hermana, don Melchor, y doña Juana.
Doña Juana	¡Hay tal riesgo!
Águeda	¡Hay tal mal!
Don Antonio	Muere, tirana.

(Saque la daga.)

Doña Inés	Señor don Melchor, guardad
	a una mujer infelice,
	para que en vos solamente
	honra, vida y fama libre.
Don Melchor	Don Antonio, ten el paso.
Don Antonio	¿Cómo, don Melchor, le impides
	a mi acero la venganza?
	Déjame, no solicites
	suspender ira y acero,

porque el honor es caribe
que hace de su propia sangre
alimento más difícil.

Don Melchor   ¿En las imaginaciones
que satisfacción concibe,
que darlas quiere la muerte
airado, como terrible?

Don Antonio   Pues ves que no tiene honor,
no permitas que se eclipse
empañada con la infamia
la luz de mi claro origen.

Doña Inés   Yo quiero huir.

Don Melchor   Tente, Inés,
y no así desacredites
con tu fuga tu inocencia.

Doña Inés   ¡Grande mal!

Doña Juana   ¡Lance terrible!

Don Melchor   Don Antonio, amigo mío,
pues eres prudente, dime,
¿Inés, fue culpada?

Don Antonio   No.

Don Melchor   Pues no hay por qué la castigues:
robada ha sido tu hermana
sin culpa, y es bien que mires
que si ahora la das muerte,

dirá el vulgo que es el licen
de los errores de todos,
cuando en tu castigo indicie
que ella fue quien fue culpada,
pues tú la muerte le diste.

Don Antonio

No por ser mi amigo tengas
las piedades tan sutiles,
mi hermana está sin honor,
y aunque más me facilites
este concepto mentido,
no el vulgo, como tú dices,
colige que está sin culpa,
que está sin honra colige;
y como son tan creídas
las pasiones mujeriles,
yo no he de satisfacerme
de aquel ni el otro que mide
la piedad a la razón,
y el suceso a lo posible,
sino de aquel que malicia;
y así lavar me permite
con su sangre aquella mancha,
que puede haber quien malicie
que dura en mi ser infame,
pues dura en ella ser libre.

Don Melchor

¿Pues darla muerte sin culpa
no es crueldad?

Don Antonio

              Aunque imaginen,
que sin culpa la di muerte,
los que en este duelo arbitren
dirán que obré como honrado,

aunque obré como terrible.

Don Melchor ¿Pues no es mejor dar muerte
al que te ofendió?

Don Antonio Bien dices;
mas, ¿dónde está el agresor
para que yo solicite
mi venganza, pues anoche
fue forzoso dividirme
por el riesgo de ser preso?

Don Melchor ¿No has visto el remedio?

Don Antonio Dile.

Don Melchor En tanto que no te vengas
en tu misma casa, impide
los pasos a doña Juana
que es su hermana.

Don Antonio Muy bien dices
¿Mas tú la has traído?

Don Melchor No.

Sabañón Yo traje a las tres.

Don Antonio Y dime,
¿si no me admite a su amor?

Don Melchor Tampoco mi ruego admite.

Doña Juana Dejadme salir.

Don Antonio	Detente;
	mi honor y amor te lo impiden.
Don Melchor	Mi amor también y mi sangre.
Doña Juana	¡Qué pasiones tan civiles!
	Ya he dicho que os aborrezco.
Don Antonio	Oh si osado...
Don Melchor	¡Oh si invencible...
Doña Juana	¡Oh si amante...!
Doña Inés	¡Oh si vengada...
Don Antonio	Hallara, porque se incite
	mi venganza a mi enemigo...
Don Melchor	Hallara dichosos fines
	encontrando agresor...
Doña Juana	Estos celos insufribles
	satisfaciera en el alma!
Doña Inés	¡Las pasiones que me afligen
	recompensara una muerte!
Don Antonio	Para que constante...
Don Melchor	Firme...
Don Bernardo (Dentro.)	

	¿Vive acaso en este cuarto don Melchor Salcedo?
Sabañón	Vive.
Doña Juana	Esta es la voz de mi hermano.
Doña Inés	Don Bernardo es.
Sabañón	¿Qué dices?
Don Antonio	¿Mi enemigo?
Don Melchor	¿Mi ofensor?
Sabañón	¡Ya escampa, y llovían confites!
Doña Juana	¿Cómo me podré librar?
Don Antonio	En esa cuadra permite ocultarte.
Doña Juana	Ven, Inés.
Águeda	También Águeda te sigue. ¿Qué hay de tu amor?
Doña Juana	No lo sé.
Águeda	¿Y de celos?
Doña Juana	Que es difícil borrar aquella aprensión que dentro del alma vive.

Doña Inés	¿No entras?
Don Antonio	Abre la puerta.
Águeda	¿Pues no sabré a quién eliges?
Doña Juana	Don Melchor me da más celos, y temo que ha de rendirme.

(Vanse.)

(Abren la puerta, y sale don Bernardo.)

Don Bernardo	Seáis, don Melchor, bien hallado.
Don Melchor	El cielo os guarde.
Don Bernardo	El permite que adolezca de un agravio el que de una ofensa vive.
Don Antonio	¿Venís a acabar el duelo?
Don Bernardo	A empezar el duelo vine de otra ofensa de mi honra.
Don Melchor	¿Sin honra estáis?
Don Bernardo	Ya lo dije.
Don Antonio	¿Qué es vuestro mal?
Don Bernardo	Como el vuestro.

Don Melchor	Pues declaradle.
Don Antonio	Decidle.
Don Melchor	¿Satisfarémonos luego?
Don Bernardo	Sí.
Don Antonio	Pues empezad.
Don Bernardo	Oídme:

ya os acordáis cuando anoche
los aceros invencibles
dieron ira a lo bizarro
y indignación a lo libre,
y que fue preciso entonces
por causa que entonces visteis
dilatar para la calle
los impulsos varoniles.
Pues aun no segunda vez
en la calle se repiten
indignaciones y espadas
airadas, sino felices,
cuando otra vez el alcalde
más solicito nos sigue
por el ruido, si hacen ruido
los que con ánimo riñen.
Repetidos los aceros,
cuidadosa y cuerda impide
nuestra venganza una tropa
de ministros y alguaciles.
La confusión, el concurso,
la oscuridad, lo posible

del riesgo, me dio lugar
a que sin ser visto, cuide
(pues no hubo más luz que aquella
que las centellas despiden)
librarme de la justicia
sin que me enoje ni indigne;
porque aquél es más valiente
que es con ella más humilde;
busqué a los dos por tres calles,
y no hallándoos, resolvime
(viendo que mi honor navega
Por Scilas y Caribdis)
a dar la vuelta a mi casa,
pues en ella soldar quise
con el acero la quiebra
de mi sospecha infelice;
no hallo a mi hermana en mi cuarto;
mándame honor que examine
de un jardín las verdes cuadras.
De una pared los jazmines;
no encuentro la que me ofende,
y viendo que es infalible
que haya incurrido en las culpas
quien usa de los ardides,
pues dejándola encerrada
dentro de mi casa, huirse
es decir que si hay temores
ha habido culpas posibles;
y viendo, en fin, que mi honor,
titubeando en mar firme,
las olas de mi sospechas
le prueban a echar a pique,
doy la vuelta a vuestra casa,
que será el puerto apacible

donde mi venganza cierta
ha de hallar dichosos fines.
Yo os hallé en mi propio cuarto
a los dos; y es bien que indicie,
que uno de los dos la quiere
si no es que los dos la sirven
yo la he de sacar del alma,
donde por amor asiste,
con mi acero, que es la llave
que abre corazones viles.
Yo no tengo donde hallarla,
si los pechos no averigüe
de los dos, porque en los dos
dar la muerte solicite;
aquí la vengo a buscar
para que la espada pinte,
que es pincel de mi venganza;
más acordados perfiles;
tú de una hermana la afrenta
lavar a un tiempo quisiste;
porque el que te vio ofendido,
vengado te solemnice.
Tú, como primero, es bien
que a satisfacer aspires
de tu padre la venganza,
que eterno en su fama vive;
pues si yo lloro un agravio
y si tú una afrenta gimes
si tú de una sangre ves
los siempre rojos matices
en mi pecho y en los vuestros
indignaciones se alisten
para tres satisfacciones
que mi honor solo acaudille;

vuestros valientes aceros
indignados se conspiren
contra mi vida, y en ella
las satisfacciones libren
mi espada contra las vuestras
tan diestra se facilite,
que pase aquel corazón
donde mi enemiga asiste;
vengaos, y véngueme yo;
muera esta engañosa Circe
que al encanto de mis dudas
me ha solicitado esfinge;
por las bocas que se abrieren
a nuestros pechos respire
el honor, que hoy en la cárcel
del sentimiento se aflige;
porque vengados los tres
este áspid se desabrigue
que cauto en iras por flores
dentro del alma reside;
y porque los tres honrados,
cuerdos, valerosos, firmes,
atentos, nobles, constantes,
indignados y felices,
demos líneas a la pluma,
demos voz a los clarines,
eterna memoria al hecho,
demos al acero timbres,
demos aplauso a la fama
y al bronce eternos buriles.

Don Melchor Pues daros la muerte espera
irritado mi valor.

(Saca la espada.)

Don Antonio   Eso es volver, don Melchor,
a la indignación primera.

Don Melchor   Que tenéis razón confieso.

Don Antonio   Pues esta vez, vive Dios,
que no he de reñir con vos,
que sin honra no hay exceso.

Don Melchor   A mí me toca matar
al que a mi padre dio muerte.

Don Antonio   A mí toca...

Don Melchor   ¿De qué suerte?

Don Antonio   Porque murió.

Don Melchor   Por vengar
la tiranía villana,
con que esa sangre ofendió,
pues el templo profanó
del honor de vuestra hermana.

Don Antonio   Pues en mí no haya templanza,
que si fue por mí, colijo
que aún más que a vos, por ser hijo,
me toca a mi la venganza.
Si esta afrenta es desigual,
y vos airado y cruel
le dierais la muerte a él,
vos quedáis bien y yo mal.

	Pero colijo también
	que, si más osado y fiero,
	logra su vida mi acero,
	quedaremos los dos bien.
	Pues ea, preferid aquí
	la competencia en los dos
	pues yo os vengo a vos, y vos
	no podéis vengarme a mí.
	En vos no cabe deshonra,
	y dado que te venzáis,
	Sola una sangre vengáis,
	yo vuestra sangre y mi honra.
	Luego es a mí más debida
	esta venganza en rigor,
	pues saneando mi honor
	satisfago a vuestra vida.
Don Melchor	Bien argüís; mas yo infiero,
	que aunque fuera recompensa,
	yo no he de librar mi ofensa
	al valor de vuestro acero.
Don Antonio	Que a esto respondas te advierto.
Sabañón (Aparte.)	(Uñas tiene el caso en sí.)
Don Antonio	¿Somos los dos uno?
Don Melchor	Sí.
Don Antonio	¿Tócame tu ofensa?
Don Melchor	Es cierto.

Don Antonio	¿Tenéis de mí confianza?
Don Melchor	Sí.
Don Antonio	Pues si sois tan mi amigo, contentaos con el castigo y dejadme la venganza; acuérdeos vuestra lealtad la palabra que me disteis.
Don Melchor	Digo lo que vos dijisteis, sin honra no hay amistad. Mi sangre ha de ser primero.
Don Bernardo	Tened, que yo he de mediar.
Don Antonio	¿Cómo nos has de ajustar?
Don Melchor	Dilo.
Don Antonio	Habla.
Don Bernardo	Desta manera con pasos disimulados y con intención villana, en el cuarto de mi hermana os hallé a los dos cerrados, y no supo mi dolor quien fue, aunque a dos pude hallar aquél que vino a violar el sagrado de mi honor; pues mi discurso importuno ha llegado a resolver que los dos pudieran ser

y puede ser solo el uno;
y me resuelvo, por Dios,
pues de mi casa ha faltado,
y no sé quién me ha agraviado,
a daros muerte a los dos.

(Embiste con los dos, y riñe.)

Don Antonio   Déjame.

Don Melchor   No habrá templanza.

Don Antonio   Amigo.

Don Melchor   No soy amigo.

Don Antonio   Primero es este castigo.

Don Melchor   Primero es esta venganza.

Don Antonio   Con reñir solo le igualo;
yo riño por mí y por vos.

Don Bernardo   Yo haré que riñan los dos,
embistiendo a los dos.

(Embiste a los dos y tíralos a un tiempo.)

Sabañón   Palo.

Don Melchor   Somos dos.

Don Bernardo   Estoy sin seso;
yo perdono esa atención.

Don Melchor	Vos me habéis dado ocasión a que riña con exceso.
Don Bernardo	Digo, que de mejor gana, con uno solo riñera, dado caso que supiera quién es quien sirve a mi hermana.
Don Antonio	Si es ese vuestro cuidado...
Don Melchor	Si esa vuestra duda ha sido...
Don Antonio	Yo soy el que la ha servido.
Don Melchor	Yo soy el que la ha adorado.
Don Bernardo	Pues si a un tiempo vos y vos habéis querido agraviarme o los dos han de matarme o he de vengarme en los dos.

(Embiste.)

Sabañón	¿Con dos?
Don Bernardo	¿En qué os suspendéis? Que os dará muerte mi honor.
Don Melchor	Testigo hago a mi valor que sois el que acometéis; pésame, que desta suerte me haya venido a vengar.

Don Antonio	¿Haste de dejar matar si él te tira a dar la muerte? Vuestra sangre descubrís...

(Riñen.)

Sabañón	Ah, Señor, mete el brazal; tírale un tajo agonal.
Don Antonio	Esperad.
Don Bernardo	¿Qué me decís?
Don Antonio	Amigo.
Sabañón	¿Por qué los dos la lid sangrienta han dejado?
Don Antonio	Este hombre me ha aficionado.
Don Melchor	Y a mí también, voto a Dios.
Don Antonio	Un medio pienso que hallé con que el duelo he de ajustar.
Don Melchor	Don Antonio, a pelear, que no hay medio.
Don Antonio	Di, ¿por qué?
Don Melchor	Porque aunque el duelo concluya, puesto que tu honor profana, a que él case con tu hermana y tú cases con la suya;

viene a quedar con peor
satisfacción mi derecho,
pues ni yo estoy satisfecho
ni está premiado mi amor.
Pues si caso con su hermana
y admitirla determino,
tú, cuando amante más fino,
te quedas sin doña Juana.
Luego ninguno es igual
de cuantos medios se ven,
si aunque los dos queden bien,
viene el uno a quedar mal.

Don Bernardo

No hay discursos más prudentes
que los que inventa el acero.

(Acometed los dos.)

Sabañón (Aparte.)

(Uñas tenía primero
el caso, y ahora dientes.)

Don Melchor

¡Que a dos acometa!

Sabañón

¡Fuego!

Don Melchor

¡Qué valiente!

Don Antonio

¡Qué arrogante!

Sabañón

Estocada de estudiante
es como palo de ciego.

Don Melchor

¡Para templar esta lid
que no pueda hallar remedio!

Don Antonio	Vive Dios, que he hallado medio.
Don Melchor	¿Medio? Dile.
Don Bernardo	Hablad.
Don Antonio	Oíd; que es medio para el honor y para el amor también.
Don Melchor	¿Quedamos los dos bien?
Don Antonio	Bien, pero yo quedo mejor.
Don Antonio	Eso no, amigo.
Don Bernardo	Y pensad, que no le debo elegir, porque yo os oí decir sin honra no hay amistad; y quedando mal mi honor, no debo ser vuestro amigo.
Don Antonio	Que quedáis bien puesto digo.
Don Melchor	¿Y vos?
Don Antonio	Yo quedo mejor.
Don Bernardo	Decid ese medio pues, por si mi opinión remedio.

Don Antonio	Pues oíd los dos el medio. ¿Doña Juana, doña Inés?
Don Bernardo	¿Mi hermana escondida? ¡Oh penas! Que he de mataros pensad.

(Va a acometer.)

Don Antonio	No os enojéis, esperad.

(Salen doña Inés, doña Juana.)

Doña Inés	¿A qué me llamas?
Doña Juana	¿Qué ordenas?
Don Antonio	Oye, doña Juana.
Doña Juana	Di.
Don Antonio	Ya sabes que don Melchor y yo, con igual amor te servimos.
Doña Juana	Es así.
Don Antonio	Y puedo decir muy bien, que tú tan constante has sido que a ninguno has preferido. ¿Es esto verdad?
Doña Juana	También.
Don Antonio	Y que contra tu decoro

ciegos, como enamorados,
nos halló anoche encerrados
en tu casa.

Doña Juana   Ya lo lloro.

Don Antonio   Y aunque de ti yo no creo
amante imaginación,
corre riesgo tu opinión;
ves el daño...

Doña Juana   Ya le veo.

Don Antonio   Y que a tu honor le está bien,
ya que no le esté a tu amor,
que a uno elija tu rigor
por esposo.

Doña Juana   Dices bien.

Don Antonio   ¿Y tú, don Bernardo, di,
hoy que tu honor se profana,
si no se casa tu hermana
no quedas sin honra?

Don Bernardo   Sí;
¿Quién mi agravio dudara?

Don Antonio   ¿No harás lo que yo te pida,
pues tú pusieras tu vida
por tu fama?

Don Bernardo   Claro está.

Don Antonio	¿Soy tu amigo?
Don Melchor	Ya estoy viendo tu fineza y tu afición.
Don Antonio	¿Queréis la satisfacción de tu padre?
Don Melchor	Esa pretendo.
Don Antonio	¿Tú, con acuerdo seguro, no querrás que atento y sabio se zanje ya aquel agravio sin tu muerte?
Doña Inés	Eso procuro.
Don Antonio	¿Quieres (pues todos estamos a un fácil medio dispuestos) que quedéis todos bien puestos y yo mejor?
Todos	Ya esperamos.
Don Antonio	Pues es el medio mejor que tú cases con mi hermana, y también que a doña Juana dé la mano a don Melchor; pues desta suerte consigo hacer con sabia advertencia, a ti aquella conveniencia y esta fineza a mi amigo. Y Pues deste modo ven que he hallado feliz remedio,

bien ajustado este medio
todos quedaremos bien.
Satisfecho don Melchor,
tú contenta y tú vengado
mas yo que no estoy casado
soy el que quedo mejor.

Don Bernardo   ¿No le das la mano?

Doña Juana   Sí.

Don Melchor   Premio y honra a un tiempo ganó.

Don Bernardo   Ahora te doy la mano.

(Sale Águeda.)

Águeda   Espera, que para ti,
porque el vulgo no te vea,
de nones trae mi afición
dos novias.

Don Antonio   ¿Dime quién son?

Águeda   Las hijas de doña Andrea.

Don Melchor   Pagar tu amistad espero.

Sabañón   Ellos son los engañados,
pues que los dejas casados
y tú te quedas soltero.

Don Bernardo   Pues este duelo ajustado,
¿Qué es lo que falta que hacer?

Doña Juana	Lo que falta es merecer los aplausos del senado.
Don Antonio	Pues con eso se remedia el desacierto.
Doña Inés	Es verdad.
Doña Juana	Dad un vítor de piedad al que escribió la comedia.

Fin de la comedia

Libros a la carta

A la carta es un servicio especializado para
empresas,
librerías,
bibliotecas,
editoriales
y centros de enseñanza;
y permite confeccionar libros que, por su formato y concepción, sirven a los propósitos más específicos de estas instituciones.

Las empresas nos encargan ediciones personalizadas para marketing editorial o para regalos institucionales. Y los interesados solicitan, a título personal, ediciones antiguas, o no disponibles en el mercado; y las acompañan con notas y comentarios críticos.

Las ediciones tienen como apoyo un libro de estilo con todo tipo de referencias sobre los criterios de tratamiento tipográfico aplicados a nuestros libros que puede ser consultado en Linkgua-ediciones.com.

Linkgua edita por encargo diferentes versiones de una misma obra con distintos tratamientos ortotipográficos (actualizaciones de carácter divulgativo de un clásico, o versiones estrictamente fieles a la edición original de referencia).

Este servicio de ediciones a la carta le permitirá, si usted se dedica a la enseñanza, tener una forma de hacer pública su interpretación de un texto y, sobre una versión digitalizada «base», usted podrá introducir interpretaciones del texto fuente. Es un tópico que los profesores denuncien en clase los desmanes de una edición, o vayan comentando errores de interpretación de un texto y esta es una solución útil a esa necesidad del mundo académico.

Asimismo publicamos de manera sistemática, en un mismo catálogo, tesis doctorales y actas de congresos académicos, que son distribuidas a través de nuestra Web.

El servicio de «Libros a la carta» funciona de dos formas.

1. Tenemos un fondo de libros digitalizados que usted puede personalizar en tiradas de al menos cinco ejemplares. Estas personalizaciones pueden ser de todo tipo: añadir notas de clase para uso de un grupo de estudiantes, introducir logos corporativos para uso con fines de marketing empresarial, etc. etc.

2. Buscamos libros descatalogados de otras editoriales y los reeditamos en tiradas cortas a petición de un cliente.

www.ingramcontent.com/pod-product-compliance
Lightning Source LLC
LaVergne TN
LVHW041335080426
835512LV00006B/460

7 100470 102581